Hans-Werner Stahl

KEINE ANGST VOR DEM STERBEN

Erkenntnisse aus der
Nahtodforschung geben Halt

vianova
Verlag Via Nova

1. Auflage 2022
Verlag Via Nova, Alte Landstr. 12, 36100 Petersberg
Telefon: (06 61) 6 29 73
Fax: (06 61) 96 79 560
E-Mail: info@verlag-vianova.de
Internet: www.verlag-vianova.de
Umschlaggestaltung: Guter Punkt, München
Satz: Sebastian Carl, Amerang
Druck und Verarbeitung: Appel und Klinger, 96277 Schneckenlohe

ISBN 978-3-86616-521-2

Inhalt

Vorwort

Im Mittelpunkt dieses Buches stehen Berichte über Nahtoderfahrungen und wie sie in der Lage sein können, die Angst vor dem Sterben zu nehmen und das Leben von Menschen zu verändern. Ich selbst habe keines dieser spannenden Erlebnisse gehabt, beschäftige mich aber seit vielen Jahren mit ihnen. Meine Ausführungen zum Thema basieren vor allem auf Forschungsergebnissen zu Nahtodberichten und werden geringfügig erweitert mit entsprechenden Erkenntnissen zur Reinkarnation. Durch die Auswertung von Forschungsergebnissen soll eine möglichst objektive Betrachtung gewährleistet werden. Die Leserinnen und Leser können sich dadurch besser eine eigene Meinung bilden.

Wichtig für mich ist darzustellen, dass diese Erlebnisse das Leben sehr positiv beeinflussen können. Wenn man sie annimmt, sind sie ein großartiges Geschenk. Ich bin der Auffassung, dass eine frühe gedankliche Auseinandersetzung mit dem Tod unser Leben freier macht. Die Angst vor dem Ungewissen wird kleiner.

Die Stärken der Nahtoderfahrungen können aber nur wirken, wenn man sie versteht und auch begreift, dass sie eine sehr hohe Glaubwürdigkeit besitzen. Daher setze ich mich anhand von vielen Originalberichten intensiv mit ihrem Inhalt auseinander und gehe ganz besonders der Frage nach, ob die Glaubwürdigkeit dieser außerordentlichen Erlebnisse tatsächlich gegeben ist.

Die Angst vor dem Tod konnte ich in verschiedenen Sterbebegleitungen selbst erleben und dabei erfahren, wie Gespräche über Nahtoderfahrungen helfen können, sie anzunehmen und das Loslassen des Lebens ins Sterben hinein zu ermöglichen. Genau das ist der

Sinn und Zweck dieses Buches: Ich will die glaubwürdigen Nahtoderfahrungen in ihrem breiten Spektrum beschreiben und dabei auf ihr ermutigendes, hilfreiches und lebensveränderndes Potenzial hinweisen.

Also: Nur Mut, lassen Sie sich auf das Thema ein!

„Papa, wie geht Sterben?"

Mein Sohn Matthias war außerordentlich aktiv und neugierig. Alles wollte er genauestens erkunden. Zu seinen Lieblingssportarten gehörten Fußball und Skifahren.

Kurz nachdem er mit sieben Jahren in die Schule gekommen war, bemerkten wir, dass er immer langsamer und zunehmend müde wurde. Immer häufiger zeigte er uns seine blauen Flecken am ganzen Körper, ohne dass er sich an harte Stöße oder Verletzungen erinnern konnte. Der Arzt nahm Blut ab und schon kurze Zeit später mussten wir in die nächste Kinderklinik fahren. Dort dauerte es nicht lange, bis feststand, dass er an Leukämie erkrankt war.

Diese Diagnose löste einen Schock aus. Matthias verstand natürlich nicht, was das alles bedeutete, er konnte nur aus der Reaktion der Erwachsenen erahnen, dass es nichts Gutes war. Natürlich begriff er weder das Wort „Leukämie" noch dessen Bedeutung. Deshalb fragte er nach. Ich versuchte, ihm diese schwere Krankheit in einem für ihn verständlichen Bild zu beschreiben: „Matthias, in dein Blut sind fremde Soldaten eingedrungen und wollen es zerstören. Deine Polizisten kämpfen dagegen, sie sind aber schon ganz schwach geworden. Hier in der Klinik bekommst du Medikamente, damit die Polizisten wieder stark werden und die Soldaten vertreiben." Er verinnerlichte dieses Bild total, es wurde ein richtiger Motivator für ihn. Später, nach einer Infusion, spürte er irgendwo in seinem Körper einen Stich. Da sagte er ganz positiv: „Gerade eben hat einer meiner Polizisten einen der fremden Soldaten erschossen."

Nach anfänglichen Therapieerfolgen und großem familiären Aufatmen kam dann der befürchtete Rückfall: Nur eine Knochenmarktransplantation von seinem älteren Bruder konnte noch Hoffnung und Heilung geben.

Matthias' Leid nahm sichtbar zu. Die Zeit wurde für die Familie emotional immer intensiver und anstrengender. Nichts blieb mehr übrig vom früheren Leben, alles geriet durcheinander. Der aktuelle Gesundheitszustand dominierte den Alltag. Gab es einmal eine positive Nachricht, wurde sie schnell durch eine negative verdrängt. Die Angst, dass Matthias bald sterben könnte, lähmte langsam aber sicher die Gedanken.

Matthias wurde schweigsamer, weigerte sich, weitere Therapieschritte mitzugehen. Offensichtlich spürte er, was die Ärzte nach wenigen Wochen bestätigten: Auch die Transplantation konnte die Leukämie nicht zurückdrängen.

Dann kam der schicksalhafte Tag, an dem der behandelnde Arzt die ganze Familie zu sich bat. Selbst mit den Tränen kämpfend, sagte er zu Matthias: „Ich kann nichts mehr für dich tun, es gibt keine Medikamente mehr, die dir helfen könnten." Der achtjährige Matthias fragte erschreckt: „Was heißt das?" „Das heißt, dass du sterben musst", war die leise und kaum hörbare Antwort des Arztes. Jetzt war er ausgesprochen, der schreckliche Satz, der die furchtbare Bedrohung für Matthias in Worte fasste und das Leben der ganzen Familie fast zum Stillstand brachte.

Es war herzzerreißend mitanzusehen, wie Matthias immer schwächer wurde und versuchte, mit Sterben und Tod umzugehen. Seine Lebensbasis war ihm ja durch die Nachricht des Arztes genommen worden und so klammerte er sich in dieser Leidenszeit mit dem Rest seines Urvertrauens an seine Familie. Das war alles, was ihm jetzt noch übrig blieb. Was kam jetzt auf ihn zu?

Durch Gespräche über tote Tiere hatte er eine ungefähre Ahnung von dem, was der Tod bedeuten könnte. Offensichtlich war man, wenn man gestorben war, nicht mehr da. Wie einer seiner Opas. Wenn er nach ihm fragte, war die Antwort immer: „Der ist gestorben!" Der andere Opa aber lebte noch. Daraus konnte er den Unterschied zwischen Leben und Tod erkennen.

Gestorbene Menschen fehlen also, das wurde ihm klar. Und jetzt sollte auch er bald „fehlen"! Eine ganz schreckliche Vorstellung für ihn. Es war das Aller-Allerschlimmste, jetzt auch noch die Familie verlassen zu müssen.

Matthias war noch nie auf einer Beerdigung gewesen und hatte nur sporadisch einen Friedhof gesehen. Groß nachgedacht über den Sinn eines solchen Friedhofs hatte er natürlich in seinem Alter nicht. Seine Erfahrungen mit dem Tod beschränkten sich auf leblose Körper toter Tiere, die er gesehen hatte. Nun kam die Befürchtung in ihm auf, dass ihm ein ähnliches Schicksal bevorstehen könnte wie beispielsweise das einer unbeachtet am Straßenrand liegenden, verunglückten Katze. Wie weggeworfen. Irgendwie verschwunden, ausgelöscht.

Er beschäftigte sich immer mehr mit seinem bevorstehenden Tod als ein zwar sicheres, aber nebulöses, nicht fassbares Ereignis und war durch die Ungewissheit seines Weges völlig verunsichert, oft aufgelöst. Immer häufiger begann er zu weinen. Ein tröstendes In-den-Arm-Nehmen half nur wenig. Matthias fing nun an, immer mehr Fragen zu seinem zukünftigen Schicksal zu stellen. Er hielt die riesige Ungewissheit nicht mehr länger aus.

Als wir versuchten, ihm verständlich zu machen, welchen Weg seine Seele gehen würde, war das für ihn eine Beruhigung. Wir erklärten mit großer Überzeugungskraft, dass die Seele sich beim Tod vom Körper trennen würde. Und seine Seele würde nach wie vor bei uns in der Familie sein, allerdings ohne dass wir sie direkt sehen könnten. Aber er wäre immer bei uns und außerdem dann nicht mehr krank und hätte keine Schmerzen mehr. Versprochen!

Durch die große Überzeugungskraft, mit der wir ihm diese Vorstellung vermittelten, wurde sie für ihn zu einer Gewissheit und wirkte sehr befreiend. Er würde also nicht ganz ausgelöscht, sondern nach wie vor irgendwie in die Familie integ-

riert sein. Und vor allem wäre er wieder gesund und schmerzfrei.

Für seinen leblosen, kranken Körper gäbe es jedoch auf dem Friedhof ein großes Begräbnis.

„Was ist ein Begräbnis?"

„Es kommen deine ganze Familie, alle Freunde und Bekannten auf den Friedhof und verabschieden sich von dir, das ist so ähnlich wie eine Geburtstagsfeier."

„Ja, wenn das so ähnlich wie eine Geburtstagsfeier ist, kann ich dann auch meine Freunde zu meinem Begräbnis einladen? Geht das?" Irgendwie erschien ihm das logisch.

Wir waren über diese direkte Frage richtig erschrocken, wollten aber seine persönliche Auseinandersetzung mit dem Tod nicht einschränken und antworteten daher mit einem zögerlichen: „Ja, klar!"

„Dann will ich meine Freunde jetzt direkt einladen und fange mit Thomas an." Sprachs und ging zum Telefon. Die Situation war emotional kaum auszuhalten. Matthias sprach einige Sätze mit seinem besten Freund, brach dann aber das Gespräch ab und die Eltern führten das Telefonat weiter. Wir alle hielten uns fest und weinten heftig. Es war für die ganze Familie höchst ungewöhnlich, wie er mit seinem Begräbnis umging.

Einige Tage später fragte er mich, er konnte vor lauter Schwäche schon nicht mehr richtig laufen, ob er mit mir auf den Friedhof gehen könnte. Ich musste ihn über weite Strecken tragen und er schaute sich dann die freien Plätze in der aktuellen Reihe der Gräber an. Wir überlegten gemeinsam, wo ungefähr sein Körper beerdigt werden könnte, wo also sein Grab sein würde. Das war wieder ein Stückchen mehr Klarheit für ihn.

Der Tod rückte unaufhaltsam näher. Seine Schwäche nahm zu.

Und dann kam die für ihn dominante Frage, die mich absolut hilflos machte: „Papa, wie geht Sterben?"

Wir Eltern haben ja die Aufgabe, unseren Kindern die Welt zu erklären. Wenn sie fragen: „Wie geht Kuchenbacken?“, dann gehen wir in die Küche, nehmen Eier, Zucker, Mehl, Milch, rühren sie zusammen und schieben alles in den Ofen. Und nach einiger Zeit ist der Kuchen fertig. So geht Kuchenbacken.

Oder wenn sie fragen, wie Skifahren geht, dann stellt man sie auf die Bretter und zeigt ihnen, wie man das Gewicht verlagert und wie man durch eine Kurve fährt. So geht Skifahren.

Aber Sterben? Wie sollte ich das als lebender Mensch wissen und erklären können?

Weil es so wichtig für ihn war, blieb Matthias hartnäckig: „Papa, wie geht das? Was geschieht mit mir? Muss ich etwas tun? Wird mir schlecht? Tut das weh?“

Zunächst war es für mich unmöglich, ihm eine verständliche und befriedigende Antwort zu geben. Ich überlegte intensiv, wie ich ihn aus seiner Angst befreien konnte. Schwer, sehr schwer!

Seine große Not konnte man sehen und spüren. Gleichzeitig wusste ich, dass nur dann eine Hilfe möglich war, wenn sie aus meiner tiefen Überzeugung kam. Märchen, Lügen und vage Erzählungen waren für ihn in diesem finalen Zustand wirklich fehl am Platz. So etwas würde er sofort spüren und sein Vertrauen in mich wäre weg.

Dann kam er, der entscheidende Einfall: Vor einigen Jahren war in einer großen Tageszeitung eine Besprechung des Buchs Leben nach dem Tod von Raymond Moody erschienen. Es ging um Nahtoderfahrungen, ein Thema, das für mich spannend klang, mir bis zu diesem Zeitpunkt aber unbekannt gewesen war.

Natürlich kaufte ich mir damals das Buch sofort und konnte darin einen sehr ungewöhnlichen Inhalt entdecken. Da die von Moody geschilderten Erfahrungen nicht persönliche Erlebnisse des Autors waren, sondern auf vielen Befragungen von betroffenen Menschen beruhten, bekam dieses Buch für mich *die Glaubwürdigkeit einer Forschungsarbeit. Vor allem die geschilderten Übereinstimmungen in den individuellen Nahtoderfahrungen der Befragten waren für mich frappierend. Ein solches Thema aufzugreifen und derartige Beschreibungen in Buchform zu präsentieren, war damals völlig neuartig und außerhalb der öffentlichen Diskussion.*

Nachdem ich das Buch in meinem Bücherschrank wiedergefunden hatte, las ich es nochmals quer, um mir den Inhalt wieder zu vergegenwärtigen. Ja, es war nach wie vor total spannend! Wie konnte daraus jetzt eine Hilfe für Matthias werden? Die Schilderungen stammten von Menschen, die dem Tod sehr nahe gewesen waren, jedoch aus diesem Grenzbereich wieder ins Leben zurückgekehrt waren. Durfte ich annehmen, dass es sich um reale Ereignisse handelte? Dies war für mich damals eine sehr wichtige Frage, denn eine echte Hilfe für Matthias würde nur aus einer festen inneren Überzeugung von mir kommen können. Also öffnete ich mich diesen Nahtodschilderungen und ließ sie als existent zu. Ich beschloss, Matthias den Inhalt von Moodys Buch nach und nach nahezubringen. Vermutlich war es genau das, was ihm jetzt helfen konnte.

Wir diskutierten über dieses Buch, so wie er es verstand und hören wollte. Je intensiver wir uns mit den Bildern der beschriebenen Nahtoderfahrungen befassten und er das Aufgehobensein, die Liebe und Wärme in den Erlebnissen verinnerlichte, desto mehr nahm seine Angst vor dem Ungewissen ab. Matthias spürte die große haltgebende Kraft, die in den Berichten zum Ausdruck kam, und wurde immer gelassener. Meine Überzeugung, dass diese Berichte wahr sind, konnte er zu seiner eigenen machen.

Als er schließlich starb, waren seine Gesichtszüge ganz entspannt. Woher auch immer. Es war jedenfalls so.

Meinem Sohn das Loslassen des Lebens und die Annahme des Todes zu erleichtern, war für mich ein großes und emotional ganz besonderes Ereignis. Ich erkannte sehr deutlich, welche Bedeutung die Nahtoderfahrungen in der Vorbereitung auf das Sterben haben, es sogar erleichtern und die Angst vor dem Tod nehmen können. Dieses für mich geradezu substanzielle Erlebnis löste bei mir eine intensive Auseinandersetzung mit diesen ganz besonderen Erlebnissen in der Todeszone aus.

1

Unser Umgang mit Sterben und Tod

Ohne Grund über das eigene Sterben und den eigenen Tod nachzudenken, ist wirklich unüblich – zumindest hier bei uns im Westen. Sterben will niemand. Es ist unangenehm, davon zu reden und sich Gedanken darüber zu machen. Weil der Tod das Ende unseres Lebens ist. Man wird durch ihn ohne Gnade aus allem Vertrauten und Liebgewonnenen herausgerissen. Alles ist weg. Sämtliche Beziehungen, Familie, Erinnerungen, Freunde. Das fühlt sich alles ganz grauenhaft an! Will man an so etwas Schreckliches denken? Nein, nie und nimmer! Also verdrängt man und schweigt.

Im Alter von 92 Jahren eröffnete mir meine Tante bei einem Besuch so ganz nebenbei, aber doch völlig ernst gemeint: „Ich habe gar nicht daran gedacht, dass ich auch einmal sterben könnte." Ich starrte sie ungläubig an. Sie war zu diesem Zeitpunkt bereits bettlägerig und wurde von einem ambulanten Pflegedienst versorgt. So richtig munter und fidel war sie also wirklich nicht mehr. Ihr eigener Mann und alle ihre Freundinnen waren längst gestorben. Aber sie? War sie etwa als erster Mensch mit Unsterblichkeitsgenen ausgestattet? Nein, sie war der lebendige Beweis für einen ständigen Spagat zwischen Verdrängung und Realität, den die meisten Menschen täglich machen, wenn es um das Thema Sterben geht.

Warum wir Menschen Angst vor dem Tod haben

Die Auseinandersetzung mit dem Sterben fängt schon morgens beim Frühstück an – geradezu in einem Ritual: Je älter man wird, desto eher liest man die Zeitung von hinten. Dort stehen nämlich die Todesanzeigen. „Ach, der Herr Müller ist gestorben. Der war doch noch gar nicht so alt! Und die Frau Meyer. Die habe ich doch erst vor einem Monat noch beim Einkaufen gesehen. Schade! Die war doch immer so nett! Ob sie wohl einen Herzinfarkt hatte? Ja, so schnell kann es gehen!“ So ähnlich sind unsere Morgengedanken.

Und nach dem Studium der Todesanzeigen folgen der Griff zur Kaffeetasse und ein genussvoller Biss ins Frühstücksbrötchen. Und dann drängt sich plötzlich der Geschmack der neuen Himbeermarmelade auf dem Brötchen ganz dominant in das Bewusstsein und verdrängt alles Vorherige. Die Beschäftigung mit dem Tod verschwindet und die Zeitung wird umgeblättert. Eine Todesanzeige als Anlass zu nehmen, intensiv über den eigenen Tod nachzudenken, wäre ja auch sehr fordernd. Viel einfacher ist es, davon auszugehen, dass immer nur die anderen Menschen sterben. Die Beschäftigung mit dem eigenen Tod klammern wir lieber konsequent aus.

Wir denken, unser Lebensweg wäre eine endlos breite Straße, auf der wir sicher und geschützt entlangspazieren können, doch eine solche breite Straße gibt es nicht. Es ist nur ein schmaler, kurviger Weg mit vielen Abgründen links und rechts. Und ganz plötzlich kann ein Windstoß kommen und uns Menschen in die Tiefe blasen: Die unerwartete Krebsdiagnose des Arztes, der Herzinfarkt, ein Schlaganfall, ein Unfall. Jeden Tag gibt es unzählige Möglichkeiten, plötzlich aus der vermeintlichen Sicherheit des breiten Weges herausgerissen zu werden. So einfach! Es passiert stündlich. Irgendwo. Vielleicht bald mit uns?

Und dann? Jetzt, wenn von einer Sekunde auf die andere die Konfrontation mit dem möglichen Tod beginnt, entsteht die Angst davor. Machtvoll streckt sie ihre Arme nach uns aus wie ein Krake und will uns verschlingen.

Dabei liegt es eigentlich an uns selbst. Ganz tief im Inneren wissen wir, dass wir alle irgendwann einmal sterben müssen. Der Tod wird kommen, ganz sicher! Und wir wissen auch ganz genau, dass die Angst dann da sein wird, dieser Krake, der uns verschlingt. Wir entwickeln eine Angst vor der Angst. Sie lähmt uns und wir lassen diese Lähmung zu.

Wir gehen auf die Beerdigung eines geliebten Menschen und werden an dessen Grab deutlich mit der Endlichkeit des irdischen Lebens konfrontiert. Wir weinen und trauern. Könnte durch ein solches Erlebnis nicht auch ein Hinweis auf unser eigenes Sterben entstehen? Meistens nicht, denn alle Gedanken an den eigenen Tod werden wie eine lästige Stechmücke verscheucht. Es sterben die anderen und nicht wir selbst.

Diese weggedrückten Gedanken sind keine Einzelerscheinungen. Ganz im Gegenteil. Aus vielen Berichten kann man deutlich erkennen, wie intensiv wir den eigenen Tod verdrängen. Es ist tatsächlich so: Wir stecken den Kopf ganz tief in den Sand und meinen, aus dieser Position das echte Leben genau erkennen und verstehen zu können.

Die meisten von uns sind also offensichtlich nicht in der Lage, sich frühzeitig mit dem eigenen Sterben und dem eigenen Tod zu beschäftigen. Dies hängt mit vielen Faktoren zusammen, zum Beispiel mit unserer Bequemlichkeit, Oberflächlichkeit, Gedankenlosigkeit und natürlich auch mit unserer Angst. Aber auch damit, wie stark der Tod in unser gesellschaftliches Leben integriert ist und als Teil des Lebens akzeptiert wird.

Und diese Integration ist ganz zweischneidig. Tatsächlich kommt der Tod täglich in unsere Wohnung. Im Fernsehen wird er geradezu zelebriert. Je mehr Tote es in einem Krimi gibt, desto spannender ist er. In anderen Filmen wird das Sterben manchmal sehr echt gezeigt, etwa bei Szenen im Krankenhaus oder von einem Unfall, aber auch in Kriegs- und Actionfilmen. Doch der Fernsehtod ist ein anderer Tod. Er berührt nicht, sondern gehört zur abendlichen

Entspannung. Er ist künstlich, auch wenn er manchmal täuschend echt aussieht.

Anders erscheint der Tod in den Nachrichten. Man weiß genau, dass Berichte und Filme über Menschen, die durch Unfälle oder aufgrund von Krieg und sonstigen Katastrophen sterben, echt sind. Die emotionale Auseinandersetzung damit steigt, je näher sich diese Todesfälle ereignet haben. Erst wenn so etwas in unserer unmittelbaren Nachbarschaft passiert, entsteht wirkliche Betroffenheit. Dann gibt es eine Personalisierung des Todes, er wird plötzlich greifbar, direkt vor unserer Haustür. Man spürt die Hilflosigkeit, die Einsamkeit, das Ausgeliefertsein. Und dann ist sie auch da, die Angst vor dem Tod.

Mit dieser Angst sind wir dann allein, denn unsere Gesellschaft geht mit dem Tod nicht offen um. In den Medien wird uns ständig das Bild von strahlenden, gut gelaunten Menschen gezeigt, die auch im Alter noch hochaktiv sind. In dieses Bild passt der Tod nicht hinein, denn er ist verbunden mit Trauer, Verlust, Abschied und Leid. Und so wird er ausgeblendet. Auch im täglichen Sprachgebrauch kommt unsere Abwehrhaltung deutlich zum Ausdruck. Wir sprechen von der „Kälte des Todes“, sehen den Tod als „Feind“ oder als „Sensenmann“. Solche schrecklichen Dinge verdrängen wir lieber.

Andere Kulturen gehen mit dem Tod viel lockerer um. Eine Beerdigung kann ein Freudenfest sein, so zum Beispiel bei der Volksgruppe der Kalasha, die auf einer Beerdigung tanzen. Der Tod ist hier ein geachteter und integrierter Teil des Lebens. Ähnlich ist es in Indonesien. Dort betrachten einige Volksstämme den Tod als Höhepunkt des Lebens und veranstalten auch hier ein riesiges Fest.

Bei uns ist das anders: kein Fest, keine Gelassenheit, keine Freude. Abschied von einem geliebten Menschen zu nehmen, fällt schwer. Der Schmerz trifft die Hinterbliebenen eines Verstorbenen mit voller Wucht. Das ist auch nur zu verständlich: Plötzlich allein zu sein, ist schrecklich. Ob es etwas leichter wäre, wenn wir uns mit dem Thema Tod und Sterben intensiver beschäftigt hätten, statt es zu verdrängen?

Zum schmerzvollen Abschied vom geliebten Menschen kommt noch das Loslassen hinzu. Die Begriffe Abschied und Loslassen hängen zwar zusammen, sind aber nicht identisch. Abschied und Trauer betreffen den Verlust der persönlichen Beziehung, wogegen das Loslassen den Umgang mit dem Verstorbenen bezeichnet. Man kann ihn freigeben oder auch nicht: „Schön, dass du bei mir warst! Jetzt gehe ganz frei und unbelastet deinen eigenen Weg." Oder andersherum: „Bleibe immer bei mir, ich brauche dich, ohne dich kann ich nicht leben!"

Gerade wenn Kinder sterben, kommt es immer wieder vor, dass Eltern den Verlust nicht verkraften und sich ganz fest an das verstorbene Kind klammern. Sie können nicht loslassen.

Man kann traurig sein, Abschied nehmen und gleichzeitig loslassen. Das ist schwierig und gelingt nicht immer. Obwohl wir es eigentlich besser wissen müssten: Unser tägliches Leben besteht nämlich ständig aus einer Vielzahl von Abschieden, mal kleineren, mal größeren. Aber es sind eben Abschiede, die wir zu verarbeiten haben: Eine schöne Vase fällt auf den Boden und ist nicht mehr reparierbar, wunderbare Ferien gehen zu Ende, eine Ausbildung ist abgeschlossen, ein Partner geht auf eine lange Reise. Das alles sind Abschiede. Sie haben immer etwas mit Loslassen, Freigeben zu tun und gehen mit tiefen Emotionen in unserem Inneren einher. Bei einfachen Dingen gelingt es wohl weitgehend. Aber etwas freizugeben, loszulassen, das bisher für uns absolut wichtig war, fällt uns wirklich schwer. Wir sind es nicht gewohnt. Ganz im Gegenteil. Wir wollen haben, doch das Haben ist der Feind des Loslassens. Das Sterben allerdings ist das ganz große Loslassen, das Loslassen des Lebens, und daher besonders schwierig.

Je mehr der Tod in unser normales Leben und Denken integriert ist, desto eher können wir uns langsam, aber sicher auf ihn vorbereiten und offener mit ihm umgehen. Auf diese Weise können wir schon ein bisschen üben für das große Loslassen.

Visionen können helfen

Die Angst vor dem Tod und die Ungewissheit über das, was danach kommen wird, haben die Menschen schon immer sehr beschäftigt. Generell tritt Angst nicht erst in Todesnähe auf. Sie gehört zu unserem Leben, seit unserer Geburt, und wir können sie jederzeit empfinden. Es muss nur eine unbekannte, bedrohliche Situation auf uns zukommen, der gegenüber wir uns hilflos und ausgeliefert fühlen. Gegen die wir uns nicht wehren können. Das Ungewisse, das Übermächtige, das Unausweichliche, die gefühlte Endlosigkeit bedrücken uns. Dann ist sie da, unsere Angst!

Ein solches Angstgefühl muss nicht immer schlecht sein. Denn es kann vor gefährlichen Situationen warnen und zu einem vorsichtigeren oder andersartigen Verhalten führen.

Fritz Riemann, ein bekannter Angstforscher, beschäftigt sich genauer mit dieser möglichen Verhaltensänderung und hebt hervor, dass Angst dort auftreten kann, wo wir uns einer Situation gegenüber ausgeliefert fühlen. Sie besitzt jedoch laut Riemann einen wichtigen Doppelaspekt. Denn einerseits kann sie wie ein Signal auf uns wirken, indem sie auf vor uns liegende Gefahren aufmerksam macht. Andererseits ist es auch möglich, dass Angst uns geradezu aktiviert und auffordert, diese Gefahr zu überwinden. Wenn wir diese Aufforderung annehmen, die Gefahr also überwinden wollen, gehen wir laut Riemann einen wichtigen Schritt in unserer eigenen persönlichen Weiterentwicklung. Lassen wir jedoch die Angst ohne weitere Reaktion auf uns zukommen, kann sie uns völlig lähmen und die mögliche Entwicklung verhindern. Riemann beschreibt sehr eindrücklich die Diskrepanz im Verhalten zwischen Verharren und Starren auf die Angst einerseits und dem aktiven Darauf-Zugehen andererseits.[1]

Die Konfrontation mit einem bedrohlichen Ereignis löst nicht bei jedem Menschen eine gleich starke Angst aus. Sie ist vielmehr ein höchst subjektives Gefühl. Der eine empfindet sie heftig, der andere nur leicht, weil er vermutet, der Gefahr gewachsen zu sein. Er regt sich nicht groß auf und sagt sich: „Das bekomme ich wahrscheinlich in den Griff!"

Offensichtlich gibt es also Werkzeuge oder persönliche Kenntnisse, mit welchen es möglich ist, bedrohliche Situationen zu meistern und dadurch keine oder nur geringe Angst entstehen zu lassen. Aber diese hilfreichen Kenntnisse und Werkzeuge zur Angstbewältigung sind nicht bei jedem von uns gleichermaßen vorhanden. Ein praktisches Beispiel: Zwei Autofahrer fahren auf eisglatter Straße und kommen beide plötzlich ins Schleudern. Der eine starrt angstvoll durch die Windschutzscheibe, tritt hilflos auf Gas und Bremse. Er verharrt in lähmender Angst und findet keinen Ausweg. Schließlich landet er schwer verletzt im Graben. Der andere erinnert sich blitzartig an Kenntnisse, die er in einem Schleudertraining erworben hat. Er geht dosiert mit Gas, Bremse und Lenkrad um und bekommt sein Auto wieder in den Griff. Angst verspürt er nur am Anfang, dann greift er routiniert auf sein gespeichertes Wissen und seine erlernten Werkzeuge zurück.

Hier kommt der von Riemann erwähnte Aufforderungscharakter der Angst ins Spiel. Warum absolvierte dieser Fahrer ein Schleudertraining? Entweder hat er früher schon ein mit Angst besetztes Schleuderereignis erlebt, bei dem er sein fehlendes Wissen zur Bewältigung der Situation bemerkte, und sich deshalb aktiv zu einem Lernprogramm angemeldet. Damit war er für die Zukunft gewappnet. Oder er war vielleicht noch vorausschauender und sagte sich: „Vielleicht gerate ich irgendwann einmal mit meinem Auto in einen gefährlichen Schleuderprozess. Damit ich dem dann nicht voller Angst hilflos ausgeliefert sein muss, mache ich präventiv ein entsprechendes Training." Mit diesem Training lässt er sich auf etwas Neues, Unbekanntes ein, um schließlich durch höhere Professionalität und Reife seine Ängste besser bewältigen zu können.

Den in der Angst enthaltenen Aufforderungscharakter anzunehmen, sich ihr zu stellen und eine Bewältigungsstrategie zu erlernen, fällt schwer. Erst recht, wenn der Gegner stark ist und man sich mit ihm längerfristig auseinandersetzen muss. Angst in einem einzigen, großen Schritt zu bewältigen, funktioniert in aller Regel nicht. Vielmehr werden dazu viele kleine Schritte notwendig sein. Und jeder kleine Schritt konfrontiert uns mit einer Teilangst. Die „große“ Angst wird sozusagen aufgespalten in viele kleine Teilängste.

Um die Angst beim Sterben in kleinen Schritten bewältigen zu können, müssten wir, ähnlich wie beim Schleudertraining, auf einen „Werkzeugkasten“ oder ein erlerntes Wissen zurückgreifen können. Dies ist allerdings nur schwer möglich, da uns ein abgesichertes, objektives und mit unseren fünf Sinnen begreifbares Wissen über den Sterbeablauf und das Danach nicht zur Verfügung steht. Aber gibt es zum Thema Sterben überhaupt so etwas wie Hilfsangebote?

Ja, ich denke schon. Allerdings müssen wir dazu den Boden der wissenschaftlichen Objektivität verlassen und nach subjektiv verlässlichen Ansätzen und Vorstellungen Ausschau halten. Sozusagen nach einem subjektiv vorhandenen Wissen und einem subjektiven Werkzeugkasten.

Es geht um die Suche nach verlässlichen Vorstellungen über den Sterbeablauf, den Tod und das Danach, die eine hohe Glaubwürdigkeit besitzen. Sie stellen dann das subjektive „Wissen“ dar, das dem Betroffenen in der eigenen Auseinandersetzung mit dem Tod und seiner Angst vor dem Sterben helfen kann – als sein ganz persönlicher subjektiver Werkzeugkasten.

Damit sind wir im Bereich der individuellen Visionen gelandet. Eine Vision ist eine Vorstellung über zukünftige Zustände und Abläufe, die auf einer starken persönlichen Überzeugung basiert. „Genau so wird es zukünftig sein!“ „Das ist meine eigene, persönliche Ansicht über die Zukunft, zu der ich stehe.“ So etwa kann eine Vision ausgedrückt werden. Jeder von uns kann sich seine ganz eigene Vision über das Sterben, den Tod und ein Leben danach bilden.

Wenn diese innere, subjektive Vision in uns verankert ist und wir sie verinnerlicht haben, kann sie uns Angst vor der Zukunft nehmen. Das Gefühl des Bedrohlichen, Ungewissen schwindet, weil wir für uns ganz persönlich eine Vorstellung davon haben, was auf uns zukommt. Es ist also für die Angstbewältigung überaus hilfreich, seine eigene Vision über Sterben und Tod zu erarbeiten oder eine bestehende, allgemein zugängliche Vision zu übernehmen, wenn man sie mit ganzem Herzen bejahen kann.

Mit Visionen über Sterben und Tod beschäftigen sich traditionell die Religionen, aber auch viele philosophische Werke. Im Christentum beispielsweise ist der Weg der Seele nach dem Tod beschrieben, der Ablauf des Sterbeprozess allerdings weniger. Mit seinen Jenseitsvorstellungen und aussagekräftigen Bildern kann der christliche Glaube als Vision großen Halt bei der Auseinandersetzung mit Sterben und Tod geben.

Es gibt natürlich auch atheistische Visionen, etwa im antiken Griechenland, denen zufolge der Tod als endloser, traumloser Schlaf verstanden wurde. Es ist die Überzeugung, dass nichts vom Menschen nach dessen Tod mehr bleibt. Man stirbt, kommt in die Grube und aus! Auch eine Möglichkeit!

Religiöse, atheistische oder philosophische Visionen über den Sterbeprozess und ein Leben danach haben verständlicherweise den Nachteil, dass es keinem lebenden Menschen möglich ist, aus eigener Erfahrung zu erzählen, ob nach dem eigenen und endgültigen Tod tatsächlich alles so abläuft wie beschrieben.

Dies ist anders bei den Berichten über Nahtoderfahrungen. Sie vermitteln aussagekräftige Bilder, mit deren Hilfe eine starke und tragende Vision über Sterben und Tod relativ leicht aufgebaut werden kann. Die Schilderungen von Menschen, die eine Nahtoderfahrung hatten, sind eingängig, leicht zu verstehen und sehr berührend. Wer auf der Suche nach einer tragfähigen Vision über Sterben und Tod ist, dem kann ich nur empfehlen, sich mit diesen Nahtoderlebnissen auseinanderzusetzen. Sie stehen übrigens nicht im Gegensatz zum christlichen Glauben, ganz im Gegenteil: Wesentliche Glaubenselemente werden ganz deutlich in den Nahtoderlebnissen beschrieben.

Sich durch die Beschäftigung mit Nahtoderfahrungen eine ganz persönliche Vision über Sterben und Tod anzueignen, ist ein guter Weg des Angstabbaus. Es ist jedoch ein langer Prozess, der, soll er gelingen, in vielen kleinen Schritten erfolgen muss. Und er ist nicht einfach, weil er tief in unser gewohntes Denken und Fühlen eingreift. Und gerade Neuartiges, das unsere gewohnten Lebenseinstellungen ändern könnte, wird oft außerordentlich kritisch betrachtet und leicht abgelehnt. Ich möchte Sie dazu ermutigen, dem Phänomen der Nahtoderfahrungen zunächst einmal ganz offen zu begegnen und sich Ihr abschließendes Urteil erst am Ende des Auseinandersetzungsprozesses zu bilden. Es ist hilfreich, wenn Sie sich frühzeitig – mithilfe der Erkenntnisse aus Nahtoderfahrungen oder auch ohne sie – Ihre eigene, persönliche Vision von Sterben und Tod aufbauen, die Ihnen die Angst nehmen und Ihnen Halt geben kann. Sie werden später, am Ende Ihres Lebens, einen solchen Halt brauchen, und zwar in sich selbst! Denn im Sterben werden Sie allein sein. Wirklich ganz allein! Die Hand eines lieben Menschen, der einen im Sterben begleitet, kann zwar einen gewissen äußeren Halt geben, aber eine gefestigte innere Überzeugung ist die wirksamste und beste Hilfe.

Meinem Sohn Matthias erläuterte ich Nahtoderfahrungen ungefähr zwei Wochen vor seinem Tod. Begierig fragte er immer wieder nach ihren verschiedenen Stufen. Er nutzte die Zeit intensiv, redete mit mir über die Bilder, konnte sie verstehen und sich eine tragende Vision aufbauen, wodurch sich seine Angst deutlich verringerte. Seine Auseinandersetzung mit Nahtoderfahrungen hatte für ihn gerade noch rechtzeitig begonnen.

Ein Visionsaufbau so knapp vor dem Tod muss nicht immer erfolgreich zu Ende gehen. Aus meiner Sicht ist es besser, deutlich vor einem akuten Ernstfall damit zu beginnen. Daher lautet mein persönliches Motto: „Beschäftige dich frühzeitig mit dem Sterben, dann kannst du entspannter, freier und angstfreier leben."

2

Was sind Nahtoderfahrungen?

Nahtoderfahrungen sind Erlebnisse von Menschen, die dem Tod ganz nahe waren. Sie kamen durch einen Unfall, eine Operation oder eine Krankheit so sehr in die Todeszone, dass ihr Sterbeprozess begann. Allerdings führte dieser nicht zu ihrem endgültigen Tod, sondern eben nur fast, denn die Betroffenen kehrten wieder zurück ins reale Leben.

Und genau dort, in der letzten Phase zwischen Leben und Tod, mitten in ihrem angefangenen echten Sterben erlebten sie Dinge, die mit keinem irdischen Geschehen vergleichbar sind: emotional außerordentlich starke Empfindungen von Liebe und Wärme und den Sog zu einem überaus starken, hellen Licht. Viele hatten das Gefühl, aus ihrem „beschädigten" menschlichen Körper auszutreten und ganz ohne Schmerzen in eine andere, freundliche Welt zu gleiten.

Weil diese Wahrnehmungen so außerordentlich sind, möchte ich sie ausführlich beschreiben.

Von Gilgamesch bis Raymond Moody: Die Geschichte der Nahtoderfahrungen

Es ist eigentlich ganz erstaunlich, aber dennoch eine Tatsache: Kenntnisse über Nahtoderfahrungen sind in der Öffentlichkeit noch immer nicht weit verbreitet. Dabei handelt es sich keineswegs um neues Wissen. Entsprechende Überlieferungen sind schon mehrere hundert oder sogar tausend Jahre alt. In alten Manuskripten sind sie eher schwer zu entdecken und darüber hinaus oft unklar beschrieben. Das liegt sicher nicht nur an der damaligen Schwierigkeit, schriftliche Berichte abzufassen, wie zum Beispiel im alten Ägypten oder etwa in Europa vor dem Buchdruck. Nein, es gibt vermutlich noch ganz andere Gründe. Ich kann mir gut vorstellen, dass man im christlichen Mittelalter diese mysteriösen Berichte nicht vorurteilsfrei akzeptiert hätte. Wenn damals ein Mensch mit seiner Nahtoderfahrung an die Öffentlichkeit gegangen wäre, hätte er sich leicht dem Vorwurf der Gotteslästerung ausgesetzt – mit ungewissem Ausgang. Also behielt man diese besonderen Wahrnehmungen lieber für sich.

Vereinzelte Auseinandersetzungen mit Nahtoderfahrungen gab es in diesen Zeiten trotzdem. Sie wurden sogar als Grundlage für Gemälde herangezogen. Das bekannteste Beispiel dafür ist das Bild *Der Flug zum Himmel* von Hieronymus Bosch. Es ist zwischen 1500 und 1504 als Teil eines Altarbildes aus vier Bildtafeln entstanden und befindet sich heute im Dogenpalast in Venedig.

Es zeigt eine tunnelartige Röhre in blauen Farben. Am unteren Ende ist die Röhre dunkelblau und wird im Verlauf bis zum oberen Ende immer heller. An diesem oberen Ende leuchtet ein geradezu gleißendes Licht. Dort ist eine menschliche Gestalt zu erkennen und man weiß nicht genau, ob sie nun dort steht, weil sie den Tunnel hinter sich gebracht hat und weitergehen will, oder ob sie auf jemanden wartet. Vor dem unteren Ende des Tunnels in einem völlig schwarzen Bereich tragen Engel, möglicherweise Todesengel, menschliche Gestalten zum Tunneleingang. Ihre Aufgabe besteht wohl darin, die offensichtlich gestorbenen Menschen durch den Tunnel zu tragen oder zumindest zu geleiten, was man an den Gestalten im blauen Tunnelbereich erkennen kann.

Bosch zeigt in seinem Bild also Elemente, die deutlich an den Inhalt von Nahtodberichten erinnern. Es gilt daher als bekanntes Standardbild für die Verarbeitung und Darstellung von Nahtoderfahrungen, die damals jedoch mit Sicherheit kein allgemein verfügbares und zugängliches Wissen waren. Trotzdem musste Bosch irgendwie von solchen Erzählungen gehört haben. Obwohl er viele kreative und teilweise auch skurrile Bilder gemalt hat, glaube ich nicht, dass hinter diesem Bild nur ein persönlicher Einfall von ihm steht. Irgendwie musste er davon erfahren haben.

Die ersten bekannten Hinweise auf Nahtoderfahrungen stammen allerdings aus einer noch viel früheren Zeit. Im Gilgamesch-Epos, der wahrscheinlich ältesten niedergeschriebenen Dichtung der Menschheit, kann man entsprechende Formulierungen entdecken. Das Epos stammt aus dem babylonischen Raum und ist auf das 2. bis 3. Jahrtausend v. Chr. datiert. König Gilgamesch wird in diesem Werk in seiner Auseinandersetzung mit Leben, Sterben, Tod und Unsterblichkeit beschrieben.

Auf weitere frühe Hinweise möchte ich nur kurz eingehen: Der griechische Philosoph Platon stellt in seinem Werk *Politeia* (um 400 v. Chr.) eine Wahrnehmung dar, die dem heutigen Begriff einer Nahtoderfahrung ähnelt. Im tibetischen Totenbuch, einer Unterweisung für die zur Erleuchtung führende Befreiung, wie auch im ägyptischen Totenbuch gibt es ähnliche Bilder.

Die frühen Schilderungen von Nahtoderfahrungen sind noch nicht so klar und eindeutig wie die heutigen Berichte. Dies zeigt sich zum Beispiel bei einer bestimmten Bibelstelle, die traditionell von Menschen, die von Nahtoderfahrungen überzeugt sind, als ein solches Erlebnis gedeutet wird. Es handelt sich um den 2. Korintherbrief (12,2–4), wo es heißt: „Ich weiß von einem Menschen in Christus, dass vor vierzehn Jahren – ob im Leibe, weiß ich nicht, ob außer dem Leibe, weiß ich nicht, Gott weiß es – der Betreffende bis in den dritten Himmel entrückt wurde. Und ich weiß von dem betreffenden Menschen – ob im Leibe, ob ohne den Leib, weiß ich nicht, Gott weiß es –, dass er in das Paradies entrückt wurde und unaussprechliche Worte hörte, die ein Mensch nicht sagen darf."[2] Allerdings, so glaube ich, wird sich nicht jeder Theologe der Meinung anschließen, dass diese Stelle im Korintherbrief als Beschreibung einer Nahtoderfahrung interpretiert werden kann.

Eindeutiger werden die Berichte erst deutlich später. Pim van

Lommel, ein niederländischer Nahtodforscher, weist auf zwei Fundstellen aus dem 19. Jahrhundert hin. Im Jahr 1892 berichtete Frederic Myers in der Zeitschrift *Proceedings of the Society for Psychical Research* von einem Arzt, der im Jahr 1889 an Typhus gestorben – beziehungsweise fast gestorben – war. Sein Herz hatte aufgehört zu schlagen und sein Atem stand still. Er wäre normalerweise für tot erklärt worden, wachte aber wieder auf und erzählte von dem Geschehen während seiner Sterbephase. In seinem emotionalen Bericht beschreibt er viele Bilder, die aus heutiger Sicht als klassische Nahtoderfahrung einzustufen sind. Zunächst hatte er das Gefühl, aus seinem physischen Körper auszutreten und das ärztliche Geschehen von einem anderen Standort aus zu betrachten. Schließlich kam er an einen ganz besonderen Ort, an dem er eine unvorstellbare Liebe empfand. Er wollte an diesem schönen Ort bleiben, wurde jedoch daran gehindert und spürte schließlich, wie er in seinen eigenen, kranken Körper zurückkehrte.[3]

Frederic Myers war damals Mitbegründer der englischen *Society for Psychical Research* (Verein zur Erforschung parapsychologischer Phänomene). Sein 1892 veröffentlichter Artikel gehört sicher zu den frühen und mutigen Beschreibungen einer Nahtoderfahrung. Leider lösten diese Hinweise jedoch keine systematische Forschung aus. Das änderte sich erst im Jahr 1975. In diesem Jahr erschien das Buch des amerikanischen Arztes Raymond Moody mit dem Originaltitel *Life after Life*, das 1977 in deutscher Sprache unter dem Titel *Leben nach dem Tod* veröffentlicht wurde. Damit war der Stein ins Rollen gebracht.

Wer war nun Moody und wie kam er darauf, sich mit Nahtoderfahrungen zu beschäftigen? Er studierte zunächst an der Universität von Virginia Philosophie und schloss mit der Promotion zum Dr. phil. ab. Danach begann er ein Medizinstudium und promovierte 1976 am Medical College of Georgia, Augusta. Anschließend war er bis 1985 als Psychiater tätig.

Moody selbst hatte keine Nahtoderfahrung gehabt, sondern war mehr oder weniger zufällig mit dem Thema in Kontakt gekommen. Zunächst hörte er während seines Philosophiestudiums von einem

Bekannten einen ganz besonderen Bericht[4] über dessen Erlebnisse während seines zweimaligen „Todes". Jahre später erzählte ihm ein Student nach einer Vorlesung von erstaunlichen Erlebnissen seiner beinahe gestorbenen Großmutter.[5]

Von da an interessierte Moody sich immer mehr für dieses Thema und sammelte entsprechend Erzählungen sowie Interviews. Seiner ersten Veröffentlichung liegen 150 Nahtodberichte zugrunde. In unermüdlicher Arbeit gelang es ihm, Gemeinsamkeiten in den jeweils sehr persönlich formulierten Erlebnissen zu erkennen. Damit legte er die entscheidende Grundlage für viele weitere Untersuchungen. Er gilt durch seine Arbeiten als Begründer der modernen Nahtodforschung und löste in mehreren Nationen entsprechende Untersuchungen aus.

Zeitgleich lebte Elisabeth Kübler-Ross, die schweizerisch-amerikanische Sterbeforscherin. Sie studierte Medizin in Zürich und wurde 1965 Professorin für Psychiatrie an der Medizinischen Fakultät der University of Chicago. Ihr Hauptthema war allerdings nicht die Nahtodforschung, sondern die Begleitung sterbender Menschen, der Umgang mit ihnen und ihrer Angst. Im Rahmen ihrer Arbeiten kam sie auch mit Nahtoderfahrungen in Kontakt und verarbeitete diese in ihren Vorträgen und Veröffentlichungen. Aufgrund der thematischen Ähnlichkeiten arbeiteten Kübler-Ross und Moody zusammen.

Auf der Basis dieser grundlegenden Arbeiten begannen weltweit in den Jahren ab 1980 wichtige Forschungen. Pim van Lommel beispielsweise führte in den Jahren 1988 bis 1992 eine große Studie[6] mit 344 Patientinnen und Patienten und deren 509 erfolgreichen Reanimationen durch. Der wichtige Punkt in seiner Studienbeschreibung besteht darin, dass er den Gesundheitszustand seiner in die Studie eingebundenen Patienten zum Zeitpunkt ihrer Nahtoderfahrungen als „klinisch tot" bezeichnet. Damit wird ein Zustand tiefer Bewusstlosigkeit beschrieben, der durch eine nicht ausreichende Durchblutung des Gehirns entsteht, etwa bei einem kardiologischen Notfall wie Herzinfarkt oder Herzstillstand, einem Atemstillstand oder auch einem Kreislaufzusammenbruch. In dieser Phase der Bewusstlosigkeit muss innerhalb weniger Minuten eine Reanimation der Patienten durchgeführt werden, weil sonst dauernde Schäden an den Gehirnzellen entstehen können und auch der tatsächliche Tod unmittelbar eintreten kann.[7] Von den reanimierten Patientinnen und Patienten erinnerten sich 64 an ein Nahtoderlebnis während ihres klinischen „Sterbens" und wurden dadurch in van Lommels Forschungsprojekt zu diesem Thema aufgenommen.

Viele weitere Mediziner und Psychologen befassten sich mit diesem Phänomen und sammelten hunderte von Nahtodberichten. Sie stammten von Menschen, die in Alter, Bildung, Konfession, Hautfarbe und Wohnort höchst unterschiedlich waren. Auch die Zeitpunkte ihrer Erlebnisse stimmten nicht überein. Und das wirklich Hochinteressante an diesen Forschungsberichten ist, dass sich ihre Ergebnisse nicht deutlich widersprachen. Viel mehr noch: Sie waren tatsächlich inhaltlich sehr ähnlich. Und die Betroffenen schilderten nicht nur ihre Wahrnehmungen, sondern berichteten darüber hinaus, dass diese Erlebnisse ihre spätere persönliche Lebensgestaltung deutlich veränderten.

Die Öffentlichkeit, sofern sie sich dafür überhaupt interessiert, geht mit diesem Thema immer noch sehr gespalten um. Zwar ist die Akzeptanz der Nahtodberichte in den letzten Jahren höher geworden, aber nur wenig. Im Prinzip stehen selbst viele Mediziner, Psychologen und auch große Teile des Pflegepersonals in den Krankenhäusern solchen Berichten über Nahtoderfahrungen eher ablehnend gegenüber, obwohl hier eigentlich das größte Verständnis und die größte Wahrscheinlichkeit für das Entstehen entsprechender Erzählungen vermutet werden könnte. Die Realität sieht jedoch leider ganz anders aus, wie der Nahtodforscher Kenneth Ring am Beispiel einer Krankenhauspatientin schildert.

Diese Patientin erzählte einer Krankenschwester, die zu ihr kam, um ihr den Blutdruck zu messen, von ihren Nahtoderlebnissen. Die Krankenschwester allerdings meinte nach dem Ende der Schilderung, solche Halluzinationen hätten etwas mit ihrer Krankheit zu tun. Auch einer zweiten Krankenschwester kam die Erzählung höchst merkwürdig vor. Sie war ebenfalls der Auffassung, dass solche unrealistischen Empfindungen durch die entsprechenden Medikamente ausgelöst worden wären. Die Nachtschwester schenkte der Patientin ebenso wenig Aufmerksamkeit und meinte sogar, man müsse einen Psychiater rufen. Daraufhin bekam die Patientin große Angst und verstummte, weil selbst das eigentlich dafür zuständige medizinische Personal ihr nicht glaubte. Zehn Jahre lang erzählte sie niemandem mehr von ihren Erlebnissen.[8]

Diese erlebte Zurückweisung macht deutlich, dass Nahtoderfahrungen Menschen oft in ein bedrückendes Spannungsfeld zwischen Realität, Zustimmung, Ablehnung und Bekämpfung hineinstellen.

Um in diesem subjektiven Erfahrungsbereich trotzdem eine gewisse Objektivität zu erreichen, verwende ich als Grundlage für meine weiteren Ausführungen ausschließlich veröffentlichte Forschungsberichte oder forschungsähnliche Arbeiten. Einzelschilderungen persönlicher Erfahrungen werden bis auf wenige begründete Ausnahmen nicht herangezogen.

Der Weg ins Licht – Berichte von Menschen mit Nahtoderfahrungen

Im Zentrum dieses Abschnitts stehen nun Berichte von Menschen, die besondere Erlebnisse zu einem Zeitpunkt hatten, als sie ihrem eigenen Tod sehr nahe waren. Ich selbst hatte, wie schon erwähnt, bis jetzt keine Nahtoderfahrung. Um deren Charakteristika zu beschreiben, die mit ihr einhergehenden Emotionen und Empfindungen zu verdeutlichen, führe ich im Folgenden Originalschilderungen an, die in Forschungsberichten zitiert werden.

Raymond Moody erkannte als erster Forscher, dass Nahtoderfahrungen mit vergleichbaren Wahrnehmungen verbunden sind und oft auch ähnlich ablaufen. Sie besitzen also eine bestimmte Struktur. Dies wurde zwischenzeitlich durch umfangreiche Forschungen bestätigt. Es wurde auch deutlich, dass die mit einer Nahtoderfahrung einhergehenden Sinneseindrücke in Häufigkeit, Reihenfolge und Intensität nicht bei jedem Menschen gleich auftreten. Jeder hat wohl sein eigenes Erlebnis, das jedoch meist aus vergleichbaren oder ähnlichen Elementen zusammengesetzt ist.

Anders als die eingeschränkte Betrachtung persönlicher Erlebnisberichte einzelner Menschen haben daher diese breit angelegten Forschungsberichte den Vorteil, die am häufigsten auftretenden Elemente der Nahtoderlebnisse besser und umfassender erkennen, analysieren und beschreiben zu können.

Die Ausgangslage

Alle Betroffenen hatten ihre besonderen Wahrnehmungen in einem Zustand absoluter Bewusstlosigkeit, beispielsweise ausgelöst durch einen Unfall, eine schwere Krankheit oder eine Operation.

„Ich fühle meinen Tod"

Viele Nahtoderfahrungen beginnen mit dem Gefühl, gerade den eigenen Tod zu erleben. Für die Betroffenen trat die Bewusstlosigkeit meist unerwartet ein. Sie hatten somit keine Zeit, sich vorher gedanklich und gefühlsmäßig auf einen möglichen Tod vorzubereiten. Die plötzlich aufkommende Empfindung, den eigenen Tod zu erleben, stammt also nicht aus einer vor der Bewusstlosigkeit stattgefundenen gedanklichen Einstimmung, sondern gehört zu den direkten Wahrnehmungen in Todesnähe.

Auffällig an den Beschreibungen in den Forschungsberichten ist, dass die meisten Betroffenen relativ nüchtern über ihr Erlebnis berichten, obwohl man sich viel emotionalere Worte vorstellen könnte, um dieses Gefühl des eigenen Todes zum Ausdruck zu bringen. So hört sich die Schilderung eines 45-jährigen Mannes tatsächlich sehr sachlich an: „Ich erkannte, dass ich tot war … dass ich gestorben war. Ich wusste nicht, ob der Arzt das wusste oder nicht, ich wusste es jedenfalls."[9] Ein anderer Patient erlebte dies ganz ähnlich: „Ich dachte: Jetzt ist es aus mit dir! Der nächste Gedanke, an den ich mich erinnere, war aber dann: Das macht mir gar nichts aus!"[10]

Eine Frau berichtet über einen Herzanfall, bei dem sie beinahe ums Leben gekommen wäre. Plötzlich „ergriff mich ein beklemmender Schmerz in der Brust, so als ob mir blitzschnell eine eiserne Klammer ganz eng um den Brustkorb gelegt worden wäre. Mein Mann und ein anwesender Freund von uns hörten mich fallen und kamen herbeigeeilt, um mir zu helfen. Durch die tiefe Schwärze, in der ich mich wiederfand, hörte ich meinen Mann wie aus weiter Ferne sagen: ‚Diesmal ist es so weit!' Und ich dachte bei mir: ‚Ja, so ist es.'"[11] Auch dieser Bericht lässt keine große Emotionalität im Sterbemoment erkennen. Offensichtlich gehen viele sterbende Menschen mit dem gerade erlebten eigenen Tod eher neutral um.

Der Betroffene muss nicht immer selbst fühlen, dass er gerade „gestorben" ist. Die Nachricht über seinen vermeintlichen Tod kann er auch aus seiner Umgebung erhalten. Beispielsweise geht es im Bericht einer Frau darum, dass sie direkt durch ihren behandelnden Arzt von ihrem vermeintlichen Tod erfuhr. Ihr medizinischer Zustand war zunächst nicht dramatisch und auch nicht genau zu erkennen. Um Klarheit zu gewinnen, „schickte mein Arzt, Dr. James, mich zum Radiologen hinunter, um ein Leber-Szintigramm machen zu lassen. Da ich etliche Arzneimittelallergien habe, wurde also als erstes das Zeug ausprobiert, was sie mir dazu in den Arm spritzen wollten. Aber es blieb ohne Reaktion, und so machten sie sich ans Werk. Als sie das Mittel erneut anwandten, setzte bei mir jedoch das Herz aus. Ich hörte, wie der Radiologe, der mich untersuchen sollte, zum Telefon ging, und ich bekam ganz deutlich jedes Geräusch mit, als er wählte. Dann hörte ich ihn sagen: ‚Dr. James, ich habe Ihre Patientin, Frau Martin, umgebracht.' Dabei wusste ich genau, dass ich nicht tot war."[12]

Diese Schilderungen bestätigen, dass das Erleben des eigenen Gestorbenseins beziehungsweise Todes als etwas ganz Undramatisches empfunden werden kann und oft sehr neutral und locker aufgenommen wird.

In vielen Interviews wird noch etwas deutlich, das nicht nur im Umfeld von Nahtoderfahrungen, sondern ganz allgemein beim Umgang mit bewusstlosen Patientinnen und Patienten von Bedeutung ist: Nicht alle in einem Operationssaal arbeitenden Ärzte und Schwestern denken daran, dass alles, was während der Behandlung gesagt wird, auch von bewusstlosen Patienten aufgenommen und gespeichert werden kann. In einem der Interviews wird dies zum Ausdruck gebracht: Eine Frau hörte, wie der behandelnde Arzt während der Operation zu seinem Umfeld sagte, dass die vor ihm liegende Patientin jetzt eigentlich tot sei. Das traf glücklicherweise nicht zu. Später machte sie ihn jedoch darauf aufmerksam, dass sie seine Worte sehr wohl gehört hatte.[13]

Diesen wichtigen Hinweis sollte man vor allem auch im Kontakt mit Komapatienten beherzigen.

„Ich bin schmerzfrei"

Während die obigen Berichte eher einen rein dokumentarischen oder neutralen Charakter besitzen, beginnt mit dem nächsten Schritt der eigentliche Ablauf der Nahtoderfahrungen.

Wie erleben nun die betroffenen Menschen ihren eigenen Tod und das, was danach auf sie zukommt? Als etwas Schreckliches? Sind sie voller Angst? Oder einsam? Nein, ganz im Gegenteil! Die nun deutlich emotionaleren Berichte zeigen, dass die jetzt eintretenden Empfindungen nicht mehr mit den Wahrnehmungsmöglichkeiten des physischen Körpers vergleichbar sind. Die meisten Betroffenen fühlen sich plötzlich sehr wohl. Nichts aus der gerade eben erst verlassenen menschlichen Realität belastet sie mehr, wie aus der Beschreibung eines Mannes zu erkennen ist. Dieser wurde als Baseballspieler sehr schwer am Kopf verletzt und versank dadurch in eine große Dunkelheit. Erstaunlicherweise spürte er sich in diesem Zustand nach wie vor selbst und empfand dabei sogar ein wunderbares Gefühl von Wärme und vollständiger Liebe. Vor allem das Gefühl von totaler Ruhe, Schmerzlosigkeit und tiefem Frieden berührte ihn sehr in diesem Moment.[14]

In dieser Schilderung einer Nahtoderfahrung sind zwei Dinge bemerkenswert: Erstens berichtet der Betroffene, dass er sich selbst gespürt habe. Er meint damit sein eigenes Ich, obwohl er eigentlich medizinisch gesehen bewusstlos und gerade „gestorben" war. Dies weist auf eine ganz besondere Art von Wahrnehmungsmöglichkeit in diesem Zustand hin. Und zweitens hebt er seine plötzliche

Schmerzlosigkeit hervor. Damit meint er den plötzlichen Wegfall seiner verletzungsbedingten Schmerzen im physischen Körper.

Die meisten Menschen, die sich in einer schweren Verletzungssituation befinden, spüren stärkste Schmerzen. Und sie sind offensichtlich in dem neuartigen Ich-Gefühl, von dem beispielhaft der Baseballspieler berichtet, tatsächlich verschwunden. Völlige Schmerzfreiheit ist ein charakteristisches Empfinden in dieser Phase der Nahtoderfahrung.

Eine Frau, die nach einem Herzinfarkt reanimiert wurde, beschreibt ebenfalls sehr emotional diese plötzliche Wahrnehmung. Es „erfüllten mich die denkbar wohltuendsten Gefühle. Nichts auf der Welt existierte mehr, es gab nur noch Frieden, Wohlbehagen, Harmonie – vollkommene Ruhe. Alles, was mich je bedrückt hatte, schien von mir genommen zu sein, und ich dachte bei mir: Oh, wie still und friedlich. Ich habe ja überhaupt keine Schmerzen mehr."[15] Auch hier kommt das zentrale Gefühl der Schmerzfreiheit bei einer Nahtoderfahrung klar zum Ausdruck. Es ist so deutlich und überwältigend, dass es ganz dominant in vielen Berichten erwähnt wird.

„Ich schwebe"

Schon die Schmerzfreiheit wird von den Betroffenen als außerordentliches Ereignis empfunden. Aber die wirklich besonderen und unvergleichlichen Erlebnisse beginnen jetzt erst. Im Zentrum steht dabei die Wahrnehmung, den physischen Körper vollständig zu verlassen. Auch in diesem nicht näher zu definierenden Schwebezustand bleibt die Ich-Identität erstaunlicherweise erhalten. Man fühlt sich selbst offenbar immer noch. Eine Frau formuliert diese Erfahrung so, dass sie in diesem Zustand zwar das Gefühl hatte, keinen Körper mehr zu besitzen, sich jedoch gleichzeitig als Wesen vollständig fühlte.[16]

Während der außerkörperlichen Erfahrung kann man sogar die Umwelt wahrnehmen und klar denken. Aus unserer alltäglichen Sicht sind solche Empfindungen ganz außergewöhnlich und beeindruckend. Die Betroffenen fühlen sich als Wolke oder ähnlich schwerelose Materie und beginnen zu schweben, oft über dem gerade verlassenen physischen Körper. Dieser bleibt, so wird es wahrgenommen, als unbewohnte, leere Hülle zurück, beispielsweise auf einem Operationstisch. Man schwebt also ganz „lebendig" durch den Raum oder an einen anderen Ort, fühlt sich unbelastet, völlig frei und betrachtet die Ereignisse, die in der physischen Realität passieren, etwa wie sich Ärzte und Pflegekräfte bemühen, den leblosen Körper auf dem Operationstisch zu reanimieren.

Außerkörperliche Erfahrungen empfinden die Betroffenen als sehr fremd und eigenartig. Sie sind mit keinen irdischen Wahrnehmungen vergleichbar. Obwohl ungewöhnlich, werden sie jedoch als sehr angenehm beschrieben. Viele Berichte vermitteln deutlich, wie stark die Emotionen derjenigen sind, die etwas so Undenkbares erlebt haben. Diese Wahrnehmungen während der Außerkörperlichkeit gehören zu den charakteristischsten Aspekten von Nahtoderlebnissen. Weil sie so häufig vorkommen, wird in den Forschungsarbeiten auch intensiv auf sie eingegangen.

Raymond Moody lässt in seinem Buch *Leben nach dem Tod* eine Frau zu Wort kommen, die sich sehr genau an ihre außerkörperliche Erfahrung während eines Nahtoderlebnisses erinnert: Sie wurde „wegen Herzbeschwerden ins Krankenhaus eingeliefert. Als ich am nächsten Morgen im Krankenhaus im Bett lag, spürte ich auf einmal einen sehr heftigen Schmerz in der Brust. Ich drückte auf den Knopf neben dem Bett, um die Schwestern zu rufen, und sie kamen herbei und begannen, sich um mich zu kümmern. Da ich es auf dem Rücken kaum aushalten konnte, drehte ich mich herum, und dabei stockte mir der Atem und der Herzschlag blieb weg. Im selben Augenblick hörte ich die Schwestern rufen: ‚Herzstillstand!' Ich fühlte, wie ich aus meinem Körper austrat und zwischen Matratze und Seitengitter des Bettes hinabglitt – es kam mir eigentlich eher vor, als ob ich mich *durch* das Gitter hindurch bewegte –, bis ich am Boden ankam. Und von da an stieg ich ganz langsam in die Höhe. Während des Emporsteigens sah ich immer mehr Schwestern ins Zimmer gelaufen kommen, es müssen wohl etwa ein Dutzend gewesen sein. Sie riefen meinen Arzt, der sich gerade auf seiner Runde durchs Krankenhaus befand, und auch ihn sah ich hereinkommen. Ich dachte: ‚Was will der eigentlich hier?' Ich wurde immer weiter hinaufgetrieben, an der Lampe vorbei – ich sah sie ganz deutlich von der Seite –, bis ich unter der Decke zum Stillstand kam; dort oben schwebend, blickte ich hinunter. Fast kam ich mir vor wie ein Stück Papier, das zur Decke hochgeblasen wurde.

Von da oben sah ich zu, wie man mich wiederbelebte! Klar und deutlich bot sich mir mein Körper dar, wie er da unten ausgestreckt auf dem Bett lag, um das sie alle herumstanden. Eine Krankenschwester hörte ich sagen: ‚Oh Gott, sie ist tot!', während eine andere sich hinunterbeugte, um mir Mund-zu-Mund-Beatmung zu geben. Dabei blickte ich ihr auf den *Hinterkopf*, auf ihr ziemlich kurz geschnittenes Haar. Den Anblick werde ich nie vergessen. Und dann kamen sie mit ihrer Maschine an, und ich sah, wie sie mir die Elektroden auf die Brust setzten. Als sie mir den Schock gaben, konnte ich sehen, wie mein Körper förmlich vom Bett in die Höhe schnellte, und ich hörte sämtliche Knochen darin knacken und rucken. Das war wirklich furchtbar!

Als ich sie da unten auf meinen Brustkorb klopfen und meine Arme und Beine reiben sah, dachte ich: ‚Warum geben sie sich bloß so viel Mühe, wo es mir doch jetzt so gut geht!'"[17]

Diese Schilderung verdeutlicht einen ganz zentralen Aspekt während der außerkörperlichen Erfahrungen: Der sich nicht mehr in seinem Körper befindende Mensch nimmt Dinge oder Details wahr, die von der Position des physischen Körpers aus ganz sicher nicht zu sehen sind, wie etwa den erwähnten Hinterkopf einer Krankenschwester. In anderen Berichten wird auf normalerweise nicht erkennbare Gegenstände oder Einzelheiten hingewiesen, zum Beispiel eine kleine Schraube *unter* dem Operationstisch oder vom Operationstisch weit entfernt gelagerte Operationswerkzeuge.

Ein Mann beschreibt sein Erlebnis so: Plötzlich „wurde mir bewusst, dass ich mich nicht mehr in meinem physischen Körper befand. Ich war oben unter der Decke und blickte auf das Bett hinunter, auf die Infusionsbeutel und das fließende Blut; die Monitore piepsten unaufhörlich, und die Leuchtstoffröhren über mir summten. Ich sah mich um und dachte: ‚Wow, das ist ja wirklich ein Trip!‘ Ich spürte keinen Schmerz. Ich sah den Schmerz und die Pein auf meinem Gesicht dort unten auf dem Bett, aber ich war hier oben. Mir ging es gut, ich hatte keine Schmerzen, und ich war sehr erstaunt. Als ich so umherblickte, sah ich ein wunderschönes zartes Spinnennetz und über dem Fenster bröckelte der Verputz etwas ab. Da dachte ich: ‚Mein Gott, ich zahle hier 325 Dollar am Tag, dafür könnten sie doch wohl das Zimmer sauber halten und den Verputz in Ordnung bringen?‘“[18]

Die interessante Bemerkung über den Tagessatz des Krankenhauses zeigt, dass die außerkörperliche Erfahrung zwar als ein sehr ungewöhnliches Erlebnis empfunden wird, das aber gleichzeitig mit sehr „normalen“ Ich-Funktionen wie dem Denken und Emotionen verbunden ist. Dieser Hinweis bestätigt nochmals, dass die Ich-Identität auch während der Außerkörperlichkeit weiter existiert und wohl auch ganz gewöhnliche Denkinhalte wohl bestehen bleiben.

Aber wie fühlt sich der betroffene Mensch dabei? Was spürt er? Ist man etwa eine Art Wolke, eine Energiewelle oder völlig gestaltlos? Oder gibt es Ähnlichkeiten mit dem physischen Körper? Auf diese Frage gibt es unterschiedliche Antworten. Der Nahtodforscher Günter Ewald berichtet über die Wahrnehmungen von Christine in der Todeszone. Die in München lebende Französin erlebte sich plötzlich schwebend und achtete in diesem Zustand darauf, nicht durch eine Wand zu gehen. Sie empfand sich als fast völlig durchsichtig, wolkenartig und fluoreszierend. Obwohl sie sich nur noch ungefähr einen Meter groß fühlte, spürte sie alle Körperteile bis auf ihre Beine, die ihr unvollständig vorkamen.[19]

Also doch ein Wolkengefühl?

Die angeführten Schilderungen legen nahe, dass Nahtoderfahrungen und ihre Begleiterscheinungen offenbar Phänomene einer anderen Wirklichkeit sind und es uns schwerfällt oder gar unmöglich ist, sie mit den gewohnten Instrumenten unserer normalen Realität zu erfassen.

Besonders interessant ist, dass der spirituelle Leib anscheinend nicht nur keine Schmerzen mehr hat, sondern offensichtlich auch keine Verstümmelungen, Krankheiten oder Veränderungen des physischen Körpers mehr aufweist, wie dem Bericht eines Mannes zu entnehmen ist, der während eines Verkehrsunfalls ein Bein verloren hatte. Er konnte seinen Körper als völlig heil und unbeschädigt mit allen Gliedmaßen fühlen. Gleichzeitig war ihm aber bewusst, dass das eigentlich nicht stimmen konnte.[20] Wirklich eine interessante Gedanken- und Gefühlskombination.

„Ich bin in einem Tunnel"

Manche Nahtoderfahrungen enden bereits mit den außerkörperlichen Wahrnehmungen. Bei vielen geht es dagegen weiter mit einem für diese Erfahrungen ganz spezifischen Phänomen, dem sogenannten Tunnelerlebnis. Dabei entsteht das Gefühl, in einer dunklen Röhre oder etwas vergleichbar Tunnelähnlichem aufwärts zu gleiten oder zu fliegen.

Eine Frau beschreibt ihr Tunnelerlebnis während ihres Aufenthalts in der Todeszone. Plötzlich „wusste ich, dass ich tot war. Ich fand es seltsam, dass ich mir dessen bewusst war. Ich schwebte etwa sechs Meter schräg über meinem Körper, der noch auf dem Operationstisch lag. Ärzte standen um mich herum und sprachen miteinander, aber ich hörte ihre Stimmen nicht. Ich sah auch meinen Mann, wie er irgendwo im Krankenhaus in einem halbdunklen Raum ganz allein auf einer Bank saß und wartete. Er war nervös. Er drehte sich eine Zigarette. Plötzlich, völlig übergangslos, flog ich durch einen Tunnel. Er war sehr lang und ich flog mit dem Kopf voran durch ihn hindurch. Der Tunnel verlief fast horizontal und hatte nur eine leichte Aufwärtsneigung. Sein Durchmesser betrug etwa dreieinhalb Meter. Ich hörte ein säuselndes Geräusch, wie von einem an den Ohren vorbeistreichenden Wind. In der Ferne erkannte ich ein helles Licht, zu dem es mich hinzog, aber es war scheinbar noch sehr weit entfernt."[21]

Ein Autohändler erlebt ein solches Tunnelgefühl ganz ähnlich: „Ich war beim Golfspielen, als sich ein Gewitter zusammenbraute, und zack – wurde ich von einem Blitz getroffen. Ich schwebte sekundenlang über meinem Körper und dann fühlte ich mich durch so einen Tunnel hochgesogen. Sehen konnte ich nichts um mich herum, doch ich hatte das Gefühl, mich sehr schnell vorwärts zu bewegen. Ich war in einem Tunnel, das war mir klar, als ich dieses Licht am anderen Ende immer größer werden sah."[22]

Solche Schilderungen über Tunnelerlebnisse gehören zu den Grundelementen der Nahtoderfahrungen und werden meist sehr ähnlich beschrieben. Dabei ist nicht festgelegt, wann genau im Gesamtablauf sie erfolgen. Manchmal ist dies früher, manchmal später der Fall. Ähnlich unterschiedlich wird auch die Form dieses Tunnels empfunden. Gelegentlich ist es auch gar kein Tunnel, sondern nur ein Gang, eine Tür oder eine Art Weg. Am Ende erscheint in der Regel ein Licht. Und von ihm werden die Betroffenen während ihrer Reise magisch angezogen. Sie können sich nicht gegen diese Anziehung wehren, sondern müssen genau dorthin, fühlen sich aber sehr wohl bei dieser geführten Bewegung hin zu einem eindeutigen Ziel: Am Ende steht das Licht, das immer größer und bedeutungsvoller wird, je näher man ihm kommt.

Diese Tunnelerlebnisse werden jedoch unterschiedlich intensiv erfahren. In manchen Beschreibungen sind sie sehr wichtig und nehmen großen Raum ein. Es geht dann nicht nur um das Gleiten oder Gehen ins Licht, sondern um die Erlebnisse im Tunnel selbst. Oft wird auf die außerordentlich große Geschwindigkeit hingewiesen, die bei diesem Erlebnis gefühlt wird, wie der Bericht eines jungen Mannes verdeutlicht, der einen Sportunfall erlitten hatte, bei dem sein Herz aufgehört hatte zu schlagen: „Ich spürte, wie ich mich durch eine dunkle Leere bewegte. Es war wie ein Tunnel, aber er war so dunkel, dass sein Durchmesser ebenso gut ein Meter wie auch tausende von Kilometern hätte sein können. Ich schien immer schneller zu werden und mich auf einer absolut geraden Linie durch die Leere zu bewegen. Es fühlte sich an, als ob Wind über mein Gesicht strich. Es war aber kein wirklicher Wind, sondern nur die Wahrnehmung, die man hat, wenn einem der Wind ins Gesicht bläst. Ich hatte ein Gefühl, als würde ich mich mit Lichtgeschwindigkeit durch das Dunkel bewegen, und ganz weit weg, in der Ferne, sah ich einen kleinen Lichtpunkt, der allmählich größer zu werden schien; irgendwie wusste ich, dass das mein Ziel war."[23]

Auf die hohe Geschwindigkeit wird auch in vielen anderen Nahtodberichten eingegangen. Allerdings stehen diese Schilderungen, gemessen am Gesamterlebnis, oft nicht im Mittelpunkt des Geschehens und werden daher eher nebenbei erwähnt. Sie stellen jedoch ein wichtiges Detail dar, das im Rahmen der späteren Beurteilung der Glaubwürdigkeit von Nahtoderfahrungen noch von Bedeutung ist.

„Ich werde begrüßt"

Irgendwann im Verlauf der Nahtoderfahrung, manchmal am Ende des Tunnels, wird man von Menschen freundlich empfangen. Es sind natürlich keine echten Menschen aus Fleisch und Blut, sondern nur ihre bildhaften Gestalten. Der Betroffene steht nun in seinem spirituellen Leib diesen menschenähnlichen Erscheinungen gegenüber und erkennt einige davon wieder. Allerdings sind sie, so weiß er aus seinem irdischen Leben, bereits gestorben. Aber hier scheinen sie sehr lebendig zu sein. Andere kennt er überhaupt nicht, aber auch sie sind ihm sehr zugewandt. Alle freuen sich über seine Ankunft und heißen ihn herzlich willkommen. Insgesamt wird dieses Treffen als ein sehr freudiges und emotionales Ereignis empfunden.

Ein zehnjähriger Junge, der einen Herzstillstand erlitten hatte, erzählt von den Begegnungen während seiner Nahtoderfahrung: Zunächst spürte er, dass er sich in einem Tunnel bewegte. Als er an dessen Ende angekommen war, wurde er von mehreren Leuten empfangen. Alle schienen ihn zu lieben, allerdings kannte er keinen von ihnen.[24]

Bei dieser Schilderung ist interessant, dass das Kind keine der ihn empfangenden Personen kannte. Der Grund dafür scheint zu sein, dass zu seinen Lebzeiten noch niemand aus seinem persönlichen Umfeld gestorben war. In der Regel sind es nämlich Menschen aus der eigenen Familie oder dem Freundeskreis, die vor dem Betroffenen gestorben sind und dann den Neuankömmling freundlich willkommen heißen. Das Zusammentreffen mit diesen Verstorbenen geht mit starken Gefühlen von Wärme, Freude, Liebe und Verbundenheit einher. In vielen Berichten wird deutlich, wie bewegend das

Begrüßtwerden seitens geliebter Verstorbener für die Neuankömmlinge ist, so auch in der folgenden Schilderung einer jungen Frau:

„Ich hatte dieses Erlebnis bei der Geburt meines Kindes. Es war eine überaus schwierige Entbindung, bei der ich sehr viel Blut verlor. Der Arzt gab mich schließlich auf und erklärte meinen Angehörigen, ich läge im Sterben. Ich war jedoch die ganze Zeit über hellwach, und genau in dem Augenblick, in dem ich ihn das sagen hörte, hatte ich das Gefühl, aus einer Ohnmacht heraufzukommen. Und da bemerkte ich auf einmal auch die ganzen Menschen, die da in hellen Scharen, wie mir schien, überall an der Zimmerdecke entlangschwebten. Es waren alles Leute, die ich in meinem früheren Leben gekannt hatte, die aber schon vor mir gestorben waren. Ich erblickte meine Großmutter und ein Mädchen, das ich aus meiner Schulzeit kannte, und viele andere Verwandte und Freunde. Ich sah wohl hauptsächlich ihre Gesichter und spürte ihre Gegenwart. Sie machten alle einen fröhlichen Eindruck. Es war ein freudiges Zusammentreffen, und ich hatte das Gefühl, dass sie gekommen seien, um mich zu schützen und zu führen. Fast schien es so, als ob ich nach Hause gekommen wäre und sie mich nun begrüßen und willkommen heißen wollten. Die ganze Zeit über empfand ich alles als leicht und schön. Es war ein wunderbarer und herzerfreuender Augenblick.“[25]

„Ich gehe ins Licht“

Und dann passiert es: Man strebt mit großer Zielstrebigkeit immer weiter auf dieses außergewöhnliche und großartige Licht am Ende des Tunnels zu. Es ist hell und gleißend, aber nicht blendend, überwältigend, allumfassend, stark. Man will dorthin, mit seinem ganzen Sein, mitten hinein in dieses Licht der Liebe, Wärme, Kraft und Geborgenheit.

Die Begegnung mit dem Licht stellt in Nahtoderfahrungen einen der wesentlichen Momente dar. Sie kann unmittelbar nach dem Sterbeerlebnis erfolgen, am Ende des Tunnels oder auch in einem anderen Zusammenhang – ein genauer Zeitpunkt ist aus den Berichten nicht zu erkennen. Auf die Begegnung mit dem Licht wird in den Schilderungen immer besonders ausführlich eingegangen, weil der Betroffene davon zutiefst berührt ist. Es geht nämlich nicht um Licht als physikalisches Phänomen, es scheint vielmehr die Verkörperung eines lebendigen Wesens zu sein, eines Lichtwesens: „Ich wusste … sofort, dass das nicht einfach nur ein Licht war, sondern dass es lebte! Es hatte einen Charakter und war eine Intelligenz jenseits allen Begreifens. … Ich wusste, dieses Licht war ein Wesen. Und ich wusste, dass dieses Lichtwesen Gott war und kein Geschlecht hatte."[26]

Zu diesem Lichtwesen will man hin, von ihm wird man mit unwiderstehlicher Kraft angezogen – ein Geschehen, das voll Wärme, Liebe und Frieden ist: „Ich sah in der Ferne ein Licht, wie ich es auf Erden noch nie gesehen hatte. So rein, so intensiv, so vollkommen. Ich wusste, dies war ein Wesen, zu dem ich gehen musste. Ich weiß nicht, wie es geschah. Ich brauchte nicht zu denken, ich wusste alles. … Ich hatte keinen Körper mehr. Dieser Ballast war von mir abgefallen …. Ich bewegte mich durch alles hindurch. Mir war plötzlich klar: Zeit und Raum gab es hier nicht. Alles war immer gegenwärtig. Und das gab mir ein unbeschreiblich friedliches Gefühl. Das erlebte ich gleichzeitig mit dem Licht, das die Krönung allen Seins war, aller Energie und Liebe und vor allem aller Wärme und Schönheit."[27]

Diese beiden Erlebnisberichte lassen erahnen, welch großes Ereignis das Zusammentreffen mit dem Licht für den „Gestorbenen" darstellt. Mit diesen unvergleichlichen Lichterlebnissen setzt sich ganz ausgeprägt der Nahtodforscher Kenneth Ring auseinander. In seinen Forschungsberichten werden viele Schilderungen Betroffener zitiert, in denen die große emotionale Berührung durch dieses Zusammentreffen erkannt werden kann.

Besonders intensiv wird die Begegnung mit dem Lichtwesen empfunden, wenn es beginnt, mit dem Neuankömmling Kontakt aufzunehmen. Die Verständigung ist dabei nicht mit einer menschlichen Sprache vergleichbar, es sind vielmehr reine Gedankenübertragungen. Jeder der Gesprächspartner spürt sofort, was der andere denkt – ungehindert, direkt, klar und authentisch. Es scheint also eher eine telepathische Verständigung zu sein.

Tom, der einen schweren Autounfall hatte, beschreibt diese Begegnung mit dem Lichtwesen in ähnlichen Worten und hebt hervor, dass es an dieser speziellen Art und Weise der Kommunikation für ihn keinen Zweifel gibt.[28]

„Ich sehe mein ganzes Leben vor mir"

Die Kommunikation mit dem Lichtwesen wird noch intensiver durch eine nun beginnende Lebensrückschau. Wie in einem Film sieht der Betroffene sein ganzes Leben an sich vorbeiziehen, von seiner Geburt bis zur Gegenwart, oft minutiös genau, chronologisch und mit allen Details, obwohl übereinstimmend erzählt wird, dass dieser ganze Ablauf eigentlich keine Zeit in Anspruch nimmt – wahrscheinlich, weil es „Zeit" in diesem Erlebnisraum nicht gibt. Ein junger Mann, der in einen schweren Verkehrsunfall verwickelt worden war, beschreibt die Zeitlosigkeit seiner detaillierten Lebensrückschau so: „Ich sah nicht alles, nur die Höhepunkte. Es war vollkommen lebensecht. Als erstes sah ich, wie ich hinter meinem Vater am Strand entlangstapfte, als ich zwei Jahre alt war. Der Reihe nach kamen noch ein paar andere Erlebnisse aus meinen ersten Lebensjahren, und dann stand mir vor Augen, wie ich als Fünfjähriger das neue rote Auto demolierte, das ich zu Weihnachten bekommen hatte. Ich erinnerte mich daran, wie ich in der ersten Klasse heulend in dem grellgelben Regenmantel zur Schule ging, den meine Mutter mir gekauft hatte. Aus jedem Jahr in der Grammar School fiel mir wieder ein bisschen was ein. Jeder einzelne meiner Lehrer tauchte wieder vor mir auf, und aus jedem Jahr kam mir wieder eine herausragende Einzelheit ins Gedächtnis. Dann wechselte ich auf die Junior High School über, ging nebenbei Zeitungen austragen und arbeitete in einem Lebensmittelgeschäft, und so ging es weiter … Alle diese Ereignisse und noch viele andere zogen da im Geist blitzschnell an mir vorüber. Vermutlich dauerte es nicht länger als der Bruchteil einer Sekunde."[29]

Die im Lebensrückblick „erinnerten" Ereignisse haben nichts mit dem normalen menschlichen Erinnerungsvermögen zu tun. Wer von uns könnte sich tatsächlich an seine Geburt erinnern oder sogar an seine Zeugung, wie im nachfolgenden Beispiel beschrieben? Oder an Erlebnisse aus der frühesten Kindheit bis ins kleinste Detail? Es scheint also nahezuliegen, dass während der Nahtoderfahrung auf einen Speicher zugegriffen wird, der unserem physischen Körper normalerweise nicht zur Verfügung steht.

Besonders emotional wird die Rückschau, wenn es nicht nur, wie im obigen Beispiel, um die Chronologie des eigenen Lebens geht, sondern die in den vielen durchlebten Situationen entstandenen Gefühle noch einmal empfunden und die Auswirkungen des eigenen Handelns in den Blick genommen werden. Das kann durchaus schmerzhaft sein, wie der folgende Bericht zeigt: „Es war, als würde ich mein Leben von Anfang bis Ende in einer auf Schnellvorlauf eingestellten Filmschneidemaschine sehen. Es begann mit meiner Zeugung – sie kam mir vor wie die Schwärze, die ich bei meiner außerkörperlichen Erfahrung erlebte –, dann folgten die Kindheit, Jugendzeit und so weiter bis zu meiner Nahtoderfahrung, die ich noch einmal erlebte. Ich sah mein Leben, lebte es noch einmal. Alles, was ich je gefühlt hatte, fühlte ich noch einmal – jeden Schnitt, jeden Schmerz, jedes Gefühl und alles, was zu dem jeweiligen Abschnitt meines Lebens dazugehörte. Gleichzeitig sah ich die Auswirkungen meines Lebens auf meine Mitmenschen. Ich fühlte alles, was sie fühlten, und dadurch begriff ich die Folgen meines gesamten Tuns, des guten wie des schlechten. Dieser Lebensrückblick war das schönste Erlebnis, das ich je gehabt habe, aber gleichzeitig auch das erschreckendste.“[30]

Die entstehenden Eindrücke können dabei außerordentlich stark sein und in ihrem Umfang und ihrer Direktheit als außerordentlich belastend empfunden werden. Reue und große Schuldgefühle können entstehen, wenn im Lebensrückblick deutlich wird, dass man andere Menschen verletzt, ihnen geschadet hat. Man nimmt also seine Taten von zwei Seiten aus wahr: der eigenen Perspektive und der des Gegenübers. Dabei *sieht* man sein Handeln nicht nur, sondern *spürt* selbst alles, was man getan hat. Man *spürt* selbst die Gefühle der anderen und denkt ihre Gedanken, wie aus einem anderen Bericht deutlich hervorgeht: „Mein ganzes Leben bis zum heutigen

Tag schien sich in einer Art panoramaartigem, dreidimensionalem Rückblick vor mir auszubreiten. Jedes Ereignis wurde von meinem Wissen über Gut und Böse oder der Einsicht in seine Ursachen und Folgen begleitet. Ich betrachtete alles nicht nur ausschließlich aus meiner Warte, sondern kannte auch die Gedanken aller anderen, die an diesem Ereignis beteiligt waren, als wären ihre Gedanken in mir. Ich konnte nicht nur sehen, was ich getan und gedacht hatte, sondern sogar, wie mein Handeln andere beeinflusst hatte – als sähe ich mit allwissenden Augen. Auch die Gedanken gehen nicht verloren."[31]

In manchen Berichten wird deutlich, dass das Lichtwesen den Betroffenen liebevoll mit seinen Verfehlungen im Leben konfrontiert oder auf unerfüllte Lebensaufgaben hinweist. Bestätigungen über ein „Gericht", harte Strafen oder gar Höllenszenarien für begangene Sünden, wie dies in vielen Religionen vorgestellt wird, gibt es in den Berichten renommierter Nahtodforscher nicht. Das Lichtwesen will nur auf fehlerhafte Handlungen aufmerksam machen, damit man sich selbst erkennt und aus seinen Fehlern lernt. Es geht somit darum, sich selbst und sein Handeln richtig zu beurteilen, um Einsicht und Veränderung. Die Kommentare des Lichtwesens führen zu einer neuen Sicht auf Situationen, in denen man Mitmenschen bewusst oder unbewusst geschädigt, verletzt oder ungerecht behandelt hat. Während der gesamten Rückschau bleibt das Lichtwesen bei seiner liebevollen Haltung, wie die Schilderung einer Frau deutlich macht: „Und trotzdem, als ich mein Leben erneut durchlebte, wurde es von niemandem verurteilt. Niemand zeigte mit dem Finger auf all die schrecklichen Dinge oder tadelte mich für meine Fehler. Es waren einzig und allein vollkommenes Angenommensein, totale Offenheit und tiefste Liebe gegenwärtig."[32]

Diese Liebe steht im Mittelpunkt des Lebensrückblicks. Die zentralen, absolut wichtigen Fragen sind: Habe ich in meinem Leben geliebt? War ich liebevoll? Habe ich die Liebe gelebt?

Die Begegnung mit dem Lichtwesen ist also ein sehr berührendes, liebevolles Ereignis, das mit großer Annahme verbunden ist. So ganz ohne Korrektur scheint es allerdings nicht zu gehen. Wenn man in seinem Leben etwas falsch gemacht hat, weist das Lichtwesen manchmal darauf hin, dass man noch „Lektionen nachholen" muss – wo, wie und wann das geschehen soll, darüber gibt es in den Nahtodberichten keine ausführlichen Hinweise.

In vielen Fällen ist die Lichterfahrung für die Betroffenen so ergreifend und überwältigend schön, dass sie am liebsten für immer in diesem von Liebe und Geborgenheit erfüllten Sein bleiben und gar nicht mehr in ihr „irdisches Leben" zurückkehren wollen. Keinen einzigen Zentimeter!

„Ich bin an der Grenze"

Berichte über Nahtoderlebnisse können nur von Menschen stammen, die nicht wirklich gestorben, sondern aus der Todeszone zurückgekehrt sind. Es muss also ein Ende ihrer ereignisreichen Reise geben, eine Grenze zwischen Nahtod- und Todeserfahrung, die nicht überschritten wird – eine Grenze des Entweder-oder: Entweder man kehrt in seinen physischen Körper zurück oder man überschreitet die Grenze und verbleibt für immer im Todesbereich. Das wäre dann der echte Tod.

Wie erfahren nun die Betroffenen, dass ihre Zeit in dieser transzendenten, nicht irdischen Welt beendet ist und sie zurückgehen müssen? Meistens ist es eine klare Mitteilung, die sie von dem Lichtwesen oder von anderen Begleitern bekommen. Viele halten dies zunächst nicht für möglich oder nicht für richtig. Sie wollen ja in dieser schönen jenseitigen Welt bleiben. Eine Stimme sagt ihnen jedoch klar und deutlich, dass der Zeitpunkt des endgültigen Todes für sie noch nicht gekommen ist. Auf ihr erstauntes „Warum?" erhalten die Betroffenen oft als Antwort: „Weil du deine Lebensaufgabe noch nicht erledigt hast!" Oder: „Deine Kinder brauchen dich noch!" Manchmal werden die Aufgaben, die einen zurück ins Leben rufen, selbstständig erkannt, in vielen Fällen wird die Entscheidung jedoch von einem Begleiter oder vom Lichtwesen getroffen, ohne dass es eine Einspruchsmöglichkeit gibt. So berichtet eine Frau, dass gegen den Befehl, umzukehren, nichts getan werden kann, auch wenn man ihn zunächst nicht akzeptieren will: „Als ich dichter herankam, war ich mir ganz sicher, dass ich diesen Nebel jetzt durchqueren würde. Ein herrliches, freudiges Gefühl erfüllte mich, ein Gefühl, das man mit den Worten unserer menschlichen Sprache nicht wiedergeben kann. Doch war die Zeit, diesen Nebel zu durchschreiten, für mich noch nicht gekommen. Von der anderen Seite her sah ich meinen Onkel Carl auf mich zukommen, der schon vor vielen Jahren gestorben war. Er stellte sich mir in den Weg. ‚Kehre zurück!', befahl er mir. ‚Deine Arbeit auf Erden ist noch nicht getan. Kehre dorthin zurück!' Ich wollte nicht umkehren; dennoch konnte ich nichts anderes tun."[33]

Sich gegen die Aufforderung zu wehren, hilft nicht. Auflehnung und Verzweiflung können noch so groß sein, die transzendente Welt muss sofort verlassen werden, wie ein Bericht eindrücklich zeigt: „Und die Stimme sagte: ‚Ihre Zeit ist noch nicht gekommen. Sie muss zurück!' … Und ohne mein Zutun schwebte ich … hinein in den Tunnel und war auf dem Rückweg. Und ich schrie und kreischte, beißend und um mich schlagend, doch diese Hand führte mich sachte den Tunnel hinunter, den ich hochgekommen war. ‚Warum kann ich denn nicht bleiben?', zeterte ich. ‚Weil es für dich noch etwas zu tun gibt!', erwiderte die Stimme. Und ich spürte, wie diese Hand mich sanft durch denselben Tunnel, den ich heraufgekommen war, wieder hinunterführte …"[34]

Mit dieser Umkehr ist die Nahtoderfahrung zu Ende – eindeutig und unwiderruflich.

„Ich bin zurück"

Man ist plötzlich wieder zurück in seinem physischen Körper. Liebe, Wärme und Geborgenheit sind mit einem Schlag weg, dafür meldet sich der Körper, den man eben erst verlassen hatte, mit aller Macht zurück: Schmerzen, Leid, Verzweiflung, alles, was vor den Nahtoderfahrungen empfunden wurde, ist wieder da. Viele zurückgekehrte Menschen sind sehr enttäuscht, sich wieder in ihrem physischen Körper vorzufinden, obwohl sie doch gerade dem Tod entronnen und ins Leben zurückgekehrt sind. Aber die meisten wollen dies eigentlich gar nicht: „Als ich wieder in meinem Körper zu mir kam, war das schrecklich, einfach schrecklich. … Diese Erfahrung [im Licht] war so wundervoll, ich wollte nie mehr zurückkommen, ich wollte dortbleiben … und trotzdem kam ich zurück. Und von dem Moment an war es für mich sehr schwierig, wieder in meinem Körper zu leben, mit all den Einschränkungen, die ich damals empfand."[35] Während die ins Leben Zurückgekehrten traurig bis entsetzt sind, ist ihr soziales Umfeld natürlich überglücklich – eine große Differenz der Empfindungen, die für beide Seiten nicht immer leicht auszuhalten ist.

Natürlich gibt es auch Berichte, in denen die Rückkehr in den physischen Körper als deutlich angenehmer beschrieben wird. Die Verarbeitung der besonderen Erfahrungen in Todesnähe ist jedoch immer eine Herausforderung, die zu bewältigen ist.

3

Nahtoderlebnisse in der Kritik

Wenn so emotional über ganz besondere Erlebnisse am Rande der Todeszone berichtet wird und Bilder vermittelt werden, die außerhalb unserer gewohnten Alltagswahrnehmungen liegen, muss man nicht lange auf Kritik warten.

Und sie kommt heftig aus verschiedenen Richtungen, oft auf der Basis von intensiven thematischen Auseinandersetzungen und forschungsähnlichen Arbeiten. Diese sehen Nahtoderlebnisse in einem völlig anderen Licht.

Um welche grundsätzlichen Einwände geht es?

Spielt uns das Gehirn etwas vor? Was die Neurowissenschaft dazu meint

Menschliche Wahrnehmung findet im Gehirn statt. Dort werden die von den einzelnen Sinnesorganen aufgenommenen Signale verarbeitet und die zugehörigen – beispielsweise optischen oder akustischen – Eindrücke hergestellt. Eine Analyse, wie nun die Abläufe im Gehirn genau gestaltet sind, die uns Wahrnehmung ermöglichen, ist das Aufgabengebiet der Neurologie. In diesem anspruchsvollen Fachgebiet konnten durch intensive Forschung bis heute umfangreiche Erkenntnisse über den Aufbau und die Struktur des menschlichen Gehirns gewonnen werden. Allerdings ist unser Gehirn so komplex, dass noch längst nicht alle seine Funktionen und Prozesse im Detail geklärt sind.

Da Nahtoderlebnisse einen etwas mystischen und scheinbar unerklärlichen Charakter besitzen, beschäftigen sich verschiedene Neurologen damit, diese besonderen Sinneseindrücke am Rande des Todes genau aufzuklären. Sind sie tatsächlich so mystisch? Sind es Empfindungen *innerhalb* des Gehirns oder finden sie *außerhalb* statt? Werden sie möglicherweise durch eine spezielle Aktivierung bestimmter Gehirnareale künstlich erzeugt, ohne dass eine zugehörige Wahrnehmung realer Situationen vorliegt? Oder könnten sie auch durch eine Unterversorgung des Gehirns in der Nähe des Todes produziert werden? Schwierige Fragen, deren Beantwortung hart an die Grenzen des bisherigen Wissens geht!

Dass künstliche Sinneseindrücke durch eine Überaktivierung oder auch Unterversorgung des Gehirns entstehen, kann man sich gut vorstellen. Der menschliche Körper ist ein hochkomplexes, biokybernetisches System, in dem der Ausfall bestimmter Regelkreise bei anderen zu unkontrollierbaren Abläufen und Zuständen führen kann. Es ist daher durchaus denkbar, dass in Krisensituationen, zum Beispiel bei einem Herzinfarkt, bisher normale Regelungen und Prozesse im Gehirn entgleisen und unnormale Reaktionen entstehen. Überreaktionen oder Verarbeitungsausfälle mit entsprechenden Auswirkungen auf die Wahrnehmung scheinen daher möglich zu sein. Verschiedene Berichte weisen darauf hin, dass im Ausnahmefall tatsächlich solche unnormalen Zustände existieren können. So wurden bei Tieren, die in ein künstliches Koma versetzt wurden, in ganz tiefen Hirnregionen bestimmte Schwingungen festgestellt, obwohl das Hirn eigentlich nicht mehr arbeitete.

Jimo Borjigin, Professor für Neurologie an der University of Michigan, hat beispielsweise mehrere Studien zur Gehirnaktivität bei Herzstillstand unternommen. In Versuchen an Ratten konnte er nachweisen, dass bei akutem Herzversagen tatsächlich eine plötzliche und riesige Steigerung der Gehirnaktivität entstehen kann. „Trotz des Bewusstseinsverlusts und des Fehlens von Lebenszeichen zeigt das Gehirn intern eine anhaltende, organisierte Aktivität und eine verstärkte Kommunikation mit dem Herzen, was vermutlich ein Versuch ist, das Herz zu retten."[36] Es kann daher vermutet werden, dass eine solche veränderte Gehirnaktivität in der Todesnähe möglicherweise auch bei Menschen stattfindet.

In anderen Versuchen konnte bestätigt werden, dass künstliche Reizungen von bestimmten Gehirnarealen, wodurch sie auch immer ausgelöst werden, tatsächlich zu plötzlichen Sinneseindrücken führen können. Der Neurologe Wilder Penfield unternahm mit mehreren Probanden einen Versuch: Er reizte deren Schläfenlappen im Großhirn mit leichten elektrischen Strömen. Die Patienten berichteten anschließend, dass bei ihnen dadurch der Eindruck entstand, ihren physischen Körper verlassen und ihn von außen betrachtet zu haben.[37]

Ein anderer Neurologe, Birk Engmann, befasste sich intensiv mit der Frage, ob die in den Forschungsarbeiten und der Literatur beschriebenen Sinneseindrücke glaubwürdige Wahrnehmungen während des Übergangs vom Leben in den Tod sind oder eher nur als Trugbild durch medizinische Reaktionen innerhalb des menschlichen Gehirns entstehen. Seine Ergebnisse veröffentlichte er in dem Buch *Mythos Nahtoderfahrung*. Er geht darin ausführlich auf die bekannten Elemente der Nahtoderlebnisse ein und konfrontiert sie mit entsprechenden Erkenntnissen medizinischer Forschung. Beispielsweise weist er darauf hin, dass bei Versuchen, in denen bestimmte Gehirnareale künstlich stimuliert wurden, auch eine Begegnung mit Menschen aus der Vergangenheit visuell erzeugt werden konnte.[38] Zu den außerkörperlichen Ereignissen verweist er auf deren Ähnlichkeit mit dem bekannten Phänomen der Autoskopie bei Epilepsie und Migräne. Als autoskopisch werden Wahrnehmungen bezeichnet, bei denen halluzinatorische Bilder des eigenen Selbst entstehen.

Offensichtlich können solche Halluzinationen auch durch eine Blutunterversorgung des Okzipitallappenbereichs im Gehirn ausgelöst werden. Engmann betont jedoch, dass diese autoskopischen Erscheinungen möglicherweise auf einer gestörten Integration mehrerer Hirnfunktionen beruhen können.[39]

Zu den Tunnelerlebnissen und der Lebensrückschau innerhalb der Nahtoderfahrungen führt er sehr detailliert aus: „Manche Betroffenen schildern auditive Wahrnehmungen und visuelle Phänomene, letztere zählen zu den am häufigsten berichteten Erscheinungen. Neben der Wahrnehmung von Licht gehört hierzu das Tunnelphänomen. Die optischen Phänomene entsprechen unstrukturierten Lichtern (Phosphenen) mit einfachen geometrischen Figuren (Photopsien) … Auch über szenisches Erleben wurde berichtet, wenngleich weniger häufig als über Lichtphänomene und in der Regel in unvollständigen Sequenzen. Dass sich das *ganze* Leben vollständig wie ein mit Höchstgeschwindigkeit durch den Projektor laufender Film abspult, ist bislang nicht nachgewiesen worden. Diese komplexen bzw. geformten visuellen Halluzinationen sind genauso wie die Phosphene und Photopsien für Funktionsbeeinträchtigungen der Okzipitallappen (Hinterhauptslappen) typisch. Das Tunnelphänomen lässt an eine zentrale Gesichtsfeldeinengung bzw. die anatomisch bedingte Überrepräsentation des fovealen Sehens im okzipitalen Kortex denken. Die Fovea centralis im gelben Fleck der Netzhaut des Auges ist die Stelle des schärfsten Sehens. Sie wird ebenso im Gehirn, im Hinterhauptslappen, repräsentiert. … Liegt eine schwere Beeinträchtigung des Gehirns wie beim klinischen Tod mit Nährstoff- und Durchblutungsmangel vor, wäre es denkbar, dass es zu Fehlfunktionen jener Zellen kommt, wobei die größten und empfindlichsten Strukturen die Art und Weise der Funktionsstörung dominieren; dies könnte das Empfinden eines lichtdurchfluteten Tunnels erklären."[40]

Häufig werden die besonderen Wahrnehmungen in der Todeszone, wie bereits angedeutet, auf einen Sauerstoffmangel im Gehirn zurückgeführt. Tatsächlich sinkt dieser bei einer Unterfunktion oder einem Stillstand des Herzens dramatisch ab. Völlig unkontrollierte Abläufe im Gehirn können die Folge sein, denen man dann diese außerordentlichen Erlebnisse zuschreibt.

Der Berliner Neurologe Thomas Lempert hat dazu 1994 einen Versuch mit 59 freiwilligen Teilnehmern durchgeführt, der offensichtlich nicht ganz ungefährlich war. Die Studienteilnehmer mussten eine bestimmte Atemtechnik benutzen und anschließend einen Druckausgleich mithilfe des sogenannten „Valsalva-Manövers" erzeugen. Damit wurde bei den Probanden ein rapider Sauerstoffverlust im Gehirn erzeugt und die meisten Teilnehmer reagierten sofort mit Stürzen und Bewusstlosigkeit. Also nicht unbedingt zum Nachahmen empfohlen. Als die Teilnehmer wieder aufwachten, berichteten viele über besondere Eindrücke, wie etwa ein helles Licht, und vor allem auch außerkörperliche Erlebnisse.[41] Allerdings waren sie offenbar nicht sehr stark ausgeprägt.

Unterstützt durch viele Versuche und Berichte wird daher im medizinisch-neurologischen Bereich häufig die Meinung vertreten, dass Nahtoderlebnisse nur das Produkt eines „sterbenden" Gehirns sind und keinesfalls auf realen Sinneseindrücken beruhen. Die entstehenden Wahrnehmungen werden demnach ausschließlich *innerhalb* des menschlichen Gehirns erzeugt und entstehen zum Beispiel durch eine Unterversorgung oder eine besondere Aktivierung bestimmter Gehirnteile. Sie sind demnach ganz generell vergleichbar mit Halluzinationen oder Träumen.

Aus einem anderen Bereich kommt Unterstützung für diese Meinung. Nahtodähnliche Sinneseindrücke können auch durch Drogenkonsum ausgelöst werden. Solche Zusammenhänge bestehen tatsächlich und sind weithin bekannt. Die Einnahme von Halluzinogenen wie etwa Ketamin, Meskalin, Psilocybin und vor allem LSD führt zu fantastischen oder auch schrecklichen inneren Bildern. Auch das Empfinden, sich vom Körper zu lösen, ist möglich, genauso wie das Zusammentreffen mit anderen Wesen oder auch die Wahrnehmung eines Tunnelerlebnisses. Darüber hinaus wird beim Drogenkonsum oft über ein großartiges Gefühl der Ruhe und des Friedens berichtet.

Ganz generell weist Engmann im Zusammenhang mit Nahtoderfahrungen auf die in letzter Zeit aufkommende Diskussion über den Unterschied zwischen einem klinischen Tod und dem Hirntod hin. Oft wird berichtet, dass Wahrnehmungen stattfinden, obwohl das Elektroenzephalogramm (EEG) eine nicht messbare Aktivität zeigt. Aus Sicht von Birk Engmann ist jedoch „nicht messbar" nicht identisch mit „fehlend“. Entsprechend sei die Argumentation, dass Wahrnehmungen in der Todeszone bei nicht messbarer EEG-Aktivität entstehen, „völlig fehl am Platz, denn der Umkehrschluss ist richtig: Gerade bei denen, die die Reanimation glücklich überstanden haben und über Nahtoderlebnisse sprechen können, war ja das Gehirn am Leben und somit – wenn auch vorübergehend schwer beeinträchtigt – nicht *völlig* funktionslos. Klinischer Tod ist nicht gleich Hirntod!“[42] Nach der Ansicht von Engmann und anderen Neurologen war also bei allen Menschen, die über Nahtoderlebnisse berichten, das Gehirn noch in kleinen Teilen leistungsfähig. Sonst wären sie tatsächlich gestorben.

Also eine klare Ansage vieler Mediziner: Nahtoderfahrungen basieren ausschließlich auf Wahrnehmungen des menschlichen Gehirns, das sich in einer intensiven Krisensituation befindet. Darüber hinaus, so die fortgeführte Argumentation, können diese besonderen Sinneseindrücke auch im „normalen“ Leben entstehen, zum Beispiel beim Drogenkonsum. Das bedeutet ganz konkret, dass nach dieser Auffassung Nahtoderlebnisse keine exklusiven Wahrnehmungen in der Todesnähe sind und erst recht nichts mit Sinneseindrücken außerhalb des physischen Körpers zu tun haben.

Die medizinische Kritik an den Nahtoderfahrungen ist schwerwiegend. Denn sie basiert auf Forschungsarbeiten über hochkomplexe neurologische Zusammenhänge, deren tieferes Verständnis entsprechende Spezialkenntnisse voraussetzt. Das ist wirklich nicht jedermanns Sache.

Folglich kommt dieser Kritik eine außerordentlich große Bedeutung zu, die weit über den neurologischen Bereich hinaus wirkt und gerne von anderen Wissenschaftsbereichen übernommen wird.

Nur ein veränderter Bewusstseinszustand? Psychologische Kritik

Susan Blackmore, eine promovierte Psychologin, beschäftigte sich früher hauptsächlich mit Parapsychologie, heute mehr mit Bewusstseinsforschung. Vor vielen Jahren hatte sie selbst ein außerkörperliches Erlebnis, von dessen Realität sie zunächst völlig überzeugt war. Sie versuchte intensiv, diesen Wahrnehmungen auf den Grund zu gehen, leider jedoch ohne Erfolg. Trotz intensiver Nachprüfungen fand sie nur enttäuschende Ergebnisse. Von einer anfänglichen Befürworterin der Existenz außerkörperlicher Erfahrungen wurde sie zu einer prominenten Skeptikerin.

Im Grunde übernimmt sie die neurologische Kritik an den Nahtoderlebnissen. Ich erspare mir, die schon bekannten medizinischen Argumentationen nochmals detailliert und umfangreich aufzuführen. Auf einige besondere Ansichten und Ergebnisse von Susan Blackmore möchte ich dennoch eingehen.

Die während der Nahtoderfahrungen häufig erwähnten Tunnelerlebnisse wollte sie genauer erforschen. Sie entwickelte dazu selbst eine computergestützte Versuchsanordnung, mit der sie die Zusammensetzung der Sehrinde mit Zellen simulierte. Auf den Ausgangszustand wirkten dabei unterschiedliche elektrische Ströme ein und erzeugten so am Bildschirm tunnelartige Bilder mit wachsendem Lichtpunkt in der Mitte. Die Ergebnisse ihres Versuchs sind für sie eindeutig: Tunnelbilder in den Nahtodberichten stellen für sie reine Produkte eines stimulierten Gehirns dar.[43]

Eine ebenfalls sehr kritische Meinung hat sie über außerkörperliche Erlebnisse. Solange deren Existenz nicht genau bewiesen sei, so Blackmore, gehe sie davon aus, dass sie aus den Erinnerungen der Betroffenen stammen. Also irgendwie produziert aus Wahrnehmungen der Vergangenheit. Sie sind für Blackmore daher ausschließlich erinnerungsorientiert, und zwar so stark, dass diese hochgespülten Erinnerungen stärker als die aktuellen Sinneswahrnehmungen sind.[44]

Berichtet ein Mensch nach dem Aufwachen aus der Bewusstlosigkeit über wahrgenommene Ereignisse während der Zeit seiner völligen Passivität, zum Beispiel das Hören von Sägegeräuschen oder gesprochenen Worten von Ärzten, dann ordnet sie dies ebenfalls ohne zu zögern den Erinnerungen des Betroffenen zu. Patienten, „die wirklich wiederbelebt wurden, [konnten] wahrscheinlich einen Teil der Manipulationen spüren, die an ihnen vorgenommen wurden, und sie konnten hören, was vor sich ging. Von allen Sinneswahrnehmungen geht das Gehör als letztes verloren, und wie man schon beim Hören von Hörspielen oder Rundfunknachrichten merkt, kann man sich aus dem, was man nur hört, ein sehr deutliches visuelles Bild machen."[45]

Sie bekräftigt, dass außerkörperliche Ereignisse „so außergewöhnlich nicht sind. In diesem Zustand ist nicht die äußere, sondern die innere Welt Realität. Alles, was der Betreffende sich deutlich genug vorstellen kann, ist Wirklichkeit. Und was stellen wir uns vor, wenn wir sterben? Viele Menschen genau die Welt, die sie zu sehen wünschen, da bin ich sicher. Ihr Geist wendet sich vielleicht anderen Menschen zu, die sie gekannt haben und die vor ihnen gestorben sind, oder aber einer Welt, auf die sie ihre Hoffnung richten. Wie die anderen Bilder … erscheinen auch diese vollständig real."[46]

Nach ihrer Ansicht spielen sich die Wahrnehmungen in der Todesnähe also nur als personale und vor allem erinnerungsbedingte Sinneseindrücke im Gehirn ab und stellen damit ein Problem von Medizin, Physiologie und Psychologie dar. Nichts weiter. Und ein Jenseits? Nein, das gibt es für sie nicht. Mit dem richtigen Tod ist nach ihrer Auffassung das „Ich" beendet. Schluss!

Stanislav Grof hat einen etwas anderen Zugang zu außerkörperlichen Ereignissen. Er ist einer der Begründer der transpersonalen Psychologie und entwickelte die Technik des holotropen Atmens, die zwischenzeitlich von vielen Ärzten, Psychologen, Heilpraktikern und interessierten Menschen therapeutisch angewandt wird. Und tatsächlich ist es damit möglich, in tiefe Schichten des eigenen Bewusstseins einzudringen und auch außerkörperliche Erfahrungen künstlich zu erhalten. Also Erlebnisse, die während des normalen Lebens und natürlich außerhalb der Todeszone stattfinden. Den spannenden Zustand, in dem man solche besonderen Erlebnisse haben kann, bezeichnet die transpersonale Psychologie als „erweitertes Bewusstsein". Es ist, wie schon erwähnt, also durchaus möglich, auf künstliche Weise außerkörperliche Erlebnisse herbeizuführen.

Mit Nahtoderlebnissen und außerkörperlichen Wahrnehmungen beschäftigt sich auch Sylvester Walch. Der promovierte Psychologe und Ausbilder für transpersonale Psychotherapie interessiert sich besonders für die Bewusstseinsforschung. Seine Arbeiten basieren auf den Erkenntnissen von Stanislav Grof. Die besonderen Wahrnehmungen am Rande der Todeszone gehören bei Walch ebenfalls zu den erweiterten Bewusstseinszuständen, die beim Menschen ganz spontan auftreten können. Er legt das Schwergewicht der Beurteilung dieser Sinneswahrnehmungen somit nicht auf den physischen, sondern eher auf einen spirituellen Bereich und betont, dass sich bei einer Nahtoderfahrung für kurze Zeit eine andere Wirklichkeit öffnet.[47]

Und in dieser Wirklichkeit erleben die Betroffenen dann verschiedene Dinge wie zum Beispiel eine Lebensrückschau oder Lichtwesen, die Walch als Erlebnisberichte zwar völlig akzeptiert, bei denen er aber die Frage stellt, was sie bedeuten und warum und wo sie entstehen. Seiner Auffassung nach laufen sie in einer personalisierten Wirklichkeit ab, werden also in einem eigenen transpersonalen Raum erfahren. Wichtig für Walch ist dabei, was diese Sinneswahrnehmungen für den Betroffenen bedeuten, beispielsweise eine mögliche heilsame Wirkung durch eine Konfrontation mit der großartigen Liebe oder auch Hinwendung zur Spiritualität durch die Begegnung mit dem Lichtwesen.[48]

Daraus ist zu erkennen, wie Walch ganz generell über Nahtoderfahrungen denkt. Sie sind geprägt durch Erfahrungen, Emotionen, Wünsche, Visionen und Wertvorstellungen der Betroffenen. Es sind demnach keineswegs neuartige Wahrnehmungen, sondern sie werden immer durch abgespeichertes Wissen und vorhandene Emotionen des Betroffenen bestimmt.

Und wie denkt Walch über Nahtodberichte, die in die Richtung von Jenseitsvorstellungen gehen? Sie besitzen aus seiner Sicht keine Aussagekraft, da seiner Meinung nach bisher niemand sowohl eine Nahtoderfahrung gemacht hat als auch tatsächlich tot war und dann aus dieser jenseitigen Welt berichten konnte. Damit sind die Nahtoderlebnisse für Walch nicht beweisfähig und stellen nur vorübergehende Erlebnisse eines personalisierten, erweiterten Bewusstseins dar.[49]

Ein Blick ins Jenseits? Kritik aus der Sicht von Theologen

Zu den klassischen Gebieten der Theologie gehört es, Vorstellungen, Bilder und Meinungen über Sterben und Tod bereitzustellen. Im Zentrum stehen dabei intensive Visionen über ein Jenseits. Wenn man nun theologische Aussagen mit den veröffentlichten Nahtodberichten vergleicht, sind durchaus Schnittmengen zu erkennen. Beide beschäftigen sich mit dem Ende des menschlichen Lebens und einem möglichen Übergang in eine jenseitige Welt. Allerdings scheinen die Anschauungen und Interpretationen innerhalb dieses Schnittmengenbereichs nicht völlig vergleichbar zu sein. Wie sehen nun theologische Meinungen zu den veröffentlichten Forschungsarbeiten über Nahtoderlebnisse aus? Bestehen hier möglicherweise Annäherungen? Wird sogar eine gemeinsame inhaltliche Diskussion aufgenommen?

Michael Utsch, Professor für Religionspsychologie und wissenschaftlicher Referent an der Evangelischen Zentralstelle für Weltanschauungsfragen, setzte sich intensiv mit Nahtodberichten auseinander.[50] Er sieht klar die zwei sich gegenüberstehenden Lager in der Einschätzung dieser Berichte, einerseits die Befürworter und andererseits die Skeptiker. Er schließt sich der kritischen Meinung vieler Neurologen an und hebt besonders eine von ihnen vorgetragene Anschauung hervor. Demnach ist es völlig ungeklärt, was die

Betroffenen genau in dem Moment, in dem sie sich in der Todeszone befanden, tatsächlich erlebt haben. Wenn diese Menschen später über ihre Wahrnehmungen erzählen, sind ihre Berichte quasi automatisch vergangenheitsorientiert, auch wenn sie direkt nach dem Aufwachen aus einer Bewusstlosigkeit entstehen. Bei manchen Betroffenen entstehen Hinweise auf ihr Erlebnis erst nach vielen Monaten und Jahren. Es können sich somit, so die Kritiker, im Zeitraum zwischen Wahrnehmung und Bericht viele Vermischungen des tatsächlich Gesehenen mit Träumen, Glaubensüberzeugungen, Wünschen, Erinnerungen und Ängsten ergeben.

Utsch stellt daher fest: „Die meisten Erkenntnisse der Nahtodforschung beruhen auf Nachinterpretationen körperlicher Ausnahmezustände. Dabei werden Gedächtnisinhalte mit Emotionen, früher Erlebtem, aktuellen Ereignissen, mit Wünschen und bewussten Vorgängen abgeglichen. Könnte das, worüber berichtet wird, durch Erinnerungsprozesse nachträglich zu einer erzählbaren und konsistenten Geschichte gemacht worden sein (false memory)?“[51]

Demnach werden in Nahtodberichten Bilder und Visionen vermittelt, die möglicherweise nicht mehr viel mit den ursprünglich erlebten Sinneseindrücken zu tun haben. Entsprechend sagt Utsch: „Die Interpretation der außergewöhnlichen Sinnesreize in Todesnähe [wird] in hohem Maß von den kulturellen und weltanschaulichen Prägungen des Menschen bestimmt. Die Vermutung liegt nahe, dass sich das Gehirn die Zutaten für die Nahtoderlebnisse – wie auch beim Traum – aus der Erfahrungswelt des Einzelnen zusammensucht.“[52]

Auch wenn er sie nicht so hart formuliert, wird seine Meinung über Nahtoderlebnisse letztlich deutlich: Sie entstehen ausschließlich in einem menschlichen Gehirn, das sich in einer Ausnahmesituation befindet, und bauen auf dem vorhandenen Wissen, abgespeicherten Erfahrungen und bestehenden Emotionen auf. Genauso, wie es viele Neurologen und Psychologen beschreiben.

Sehr viel tiefer beschäftigte sich mit dem Thema Hubert Knoblauch. Als er sein Buch *Berichte aus dem Jenseits – Mythos und Realität der Nahtod-Erfahrung* veröffentlichte, arbeitete er als Professor für Religionswissenschaften an der Universität Zürich. Er gehört zu den bekannten Nahtodforschern in Deutschland.

Knoblauch führte eine eigene Studie über Nahtoderlebnisse durch, wertete die Ergebnisse von 82 schriftlich beantworteten Fragebogen aus und ergänzte sie durch persönliche Interviews.[53] Mit seinen Forschungen kommt er seiner Meinung nach zu anderen Feststellungen als vergleichbare Studien von Moody oder Ring. Eine wichtige Erkenntnis für ihn besteht darin, dass aus den Rückläufen der Fragebogen keine Standardreihenfolge der verschiedenen Ereignisse innerhalb der Nahtodwahrnehmungen wie etwa Tunnelerlebnis oder Lebensrückschau ableitbar ist.

Knoblauch bemerkt vielmehr, dass die besonderen Wahrnehmungen in der Todesnähe frei ablaufen, ohne jegliche feste Struktur, und oftmals nur kleine Teile der aus anderen Forschungsberichten bekannten Elemente umfassen. Er kommt damit zu der Auffassung, dass jeder sein eigenes und höchst individuelles Nahtoderlebnis hat, welches nicht mit anderen vergleichbar ist.[54]

Mit der von ihm festgestellten Strukturlosigkeit und Individualität der Nahtoderlebnisse fällt für ihn auch ein weiteres und wichtiges Element weg, das für Moody und Ring ganz essenziell erscheint, nämlich der Blick ins Jenseits, ermöglicht durch die außerkörperlichen Erlebnisse eines Mediums (Knoblauch nennt es Seele), das den Körper verlassen hat. Zentrale Rolle dabei spielt für Knoblauch die Frage, ob dieses Medium tatsächlich in der Lage ist, aus dem physischen Körper auszutreten und eigenständige Erlebnisse zu haben. Dies wird ja von vielen Nahtodforschern (z. B. Moody und Ring) definitiv angenommen. Knoblauch schließt sich keinesfalls dieser Anschauung an und stellt eine schwerwiegende Forderung an diese Forscher auf: „Könnten sie das beweisen, so wäre damit ein Nachweis gelungen, dass die Seele den Körper verlassen kann. So naheliegend diese Vermutung erscheint, so schwer fällt der Nachweis. Nach all ihren Nachprüfungen müssen dann die Forscher einräumen, dass sie ihre Annahme in diesem Fall nicht belegen können. Und dies gilt nicht nur für diese Nahtoderfahrung. Bei genauerer Überprüfung stellt es sich nämlich heraus, dass es bislang noch in keinem Falle gelungen ist, die Wirklichkeit dieser paranormalen Erfahrungen während der OBE [engl.: out-of-body experience = außerkörperliche Erfahrung] nachzuweisen. Und noch weniger ist der Beweis dafür gelungen, was Kübler-Ross für so selbstverständlich hält: die Existenz der Wirklichkeit, die im Nahtoderlebnis erfahren wird."[55]

Zusammenfassend formuliert Knoblauch seine Meinung, indem er weitgehend die neurologischen Positionen übernimmt. Aus seiner Sicht sind die „Ergebnisse der wissenschaftlichen Erforschung von Nahtoderfahrungen … insgesamt ernüchternd. Eine metaphysische Hoffnung, wie Kübler-Ross, Moody und Ring sie geschürt haben, wird mit den Experimenten von Medizinern, Biologen und Ethnologen erstickt. Welche Aussicht sollte bestehen, mit Hilfe der Nahtoderfahrungen eine Landkarte des Jenseits zu erstellen, wenn sich herausstellt, dass der erspürte Tunnel durch eine physiologische Reaktion bewirkt ist und das Licht, das überirdisch hell erscheint, von biochemischen Vorgängen im Sehzentrum herrührt?"[56]

Damit reduziert Knoblauch die gesamten Nahtoderlebnisse auf Sinneseindrücke des menschlichen Gehirns im physischen Körper. Prinzipiell wird auch er dabei von Ansätzen der medizinischen und psychologischen Kritik geleitet. Ein Blick ins Jenseits, wie von anderen Forschern diskutiert, ist aus seiner Sicht jedoch ganz grundsätzlich nicht möglich. Die betroffenen Menschen befinden sich zum Zeitpunkt ihrer Erlebnisse einfach in einem anderen Bewusstseinszustand. Er bestätigt zwar, dass Nahtoderfahrungen seiner Auffassung nach keine Trugbilder oder andersartigen Täuschungen sind und die in der Todesnähe entstandenen Sinneswahrnehmungen nicht aus den alltäglichen Erfahrungen der Betroffenen stammen. Allerdings, so seine Meinung, resultieren sie eher aus den vielen im Menschen abgespeicherten sonstigen Erfahrungen und Wirklichkeiten.[57]

4

Ist die Kritik an Nahtoderfahrungen angreifbar?

Nahtoderlebnisse werden also äußerst konträr diskutiert. Viele Menschen und Forscher sind davon überzeugt, dass es sie gibt, andere lehnen sie mit massiven Argumenten rundweg ab. In speziellen Veröffentlichungen kann man sogar nachlesen, dass die Auseinandersetzung zwischen Gegnern und Befürwortern bis zu persönlichen Beleidigungen geht. So weit muss es ja nicht unbedingt kommen. Aber es zeigt, dass wir uns in einem hochemotionalen Thema befinden.

Die große innere Beteiligung in der Argumentation von Unterstützern und Ablehnern kann ich immer wieder in meinen Vorträgen spüren. Interessant und gleichzeitig spannend ist, dass ich bisher viele Vorträge in kirchlichen Gemeinden gehalten habe. Hier herrscht einfach ein hoher Vorbereitungsgrad für dieses Thema. Auftretende Diskussionen können auch dort manchmal heftige Züge annehmen, da sich einige Zuhörer tief emotional berührt fühlen. Die Gesprächsführung dann konfliktfrei zu gestalten, fällt nicht immer leicht.

Letztlich ist diese Polarisierung verständlich. Wird doch über Erscheinungen und Beobachtungen berichtet, die schwer zu überprüfen sind und sich möglicherweise sogar unseren fünf Sinnen entziehen.

Ich wiederhole es gerne: Es geht mir um die Hilfe beim Aufbau einer persönlichen Vision über Sterben und Tod. Um den Angstabbau in der allerletzten Lebensphase. Nahtoderlebnisse können dazu nur dann herangezogen werden, wenn sie für den Betroffenen eine sehr hohe Glaubwürdigkeit und Verlässlichkeit ausstrahlen. Es hat überhaupt keinen Sinn, etwas übernehmen zu wollen, von dem man nicht wirklich überzeugt ist. Alles muss im Ernstfall sehr belastbar und tragfähig sein, auch in dem Bewusstsein, dass zu diesem Thema völlig andere Meinungen bestehen.

Wie steht es also um die kritischen Meinungen über Nahtoderfahrungen? Sind sie so stark, dass sie eine Glaubwürdigkeit zerstören können? Dass also Nahtoderlebnisse bei Weitem nicht das halten, was sie zunächst versprechen?

Um diese schwierige Problemstellung besser einschätzen zu können, möchte ich zunächst auf die wesentlichen Kritikpunkte näher eingehen und überprüfen, ob sie tatsächlich substanziell so felsenfest und unangreifbar sind.

Es geht mir dabei keinesfalls um ein oberflächliches Abtun der Kritik. Das wäre viel zu flach. Ich will mich damit ausführlich auseinandersetzen und greife wieder auf Forschungsberichte oder forschungsähnliche Darstellungen zurück, die so weit wie möglich von unabhängigen Dritten überprüft wurden.

Zurück zum Ausgangspunkt: Ist es tatsächlich so, dass uns das eigene Gehirn bei Nahtoderlebnissen nur einen Streich spielt?

Sind Beweise möglich?

Für die meisten Kritiker stehen fehlende Beweise für Nahtoderfahrungen als Wahrnehmung realer Erlebnisse im Zentrum. Daher wird ihre Existenz verneint.

> *Eine solche Ansicht zu vertreten, ist auf den ersten Blick verständlich. Auch mir wird in meinen Nahtodvorträgen dieses*

Beweisproblem immer wieder vorgehalten. Beweise sollen schließlich absolute Verlässlichkeit und Sicherheit bieten. Vor einiger Zeit sagte ein Zuhörer zu mir: „Ich glaube Ihren Ausführungen nicht. Ich bin Jurist, ich brauche immer Beweise und die fehlen hier."

Beweise werden bei der Überprüfung von Einzelfällen ins Spiel gebracht. Als Beispiel stelle ich folgende Behauptung auf: „Mein Elefant zu Hause ist grau." Zur Überprüfung dieser Aussage gehe ich nach Hause und schaue mir die Farbe des Elefanten an. Wenn sie tatsächlich grau ist, dann ist sozusagen der „Beweis" erbracht, dass meine Behauptung richtig ist.

Zu den Nahtoderfahrungen bestehen viele empirische Forschungsarbeiten. Wie geht nun ganz allgemein die Forschung mit der Forderung nach Beweisen um? Hat sie dort überhaupt einen Stellenwert?

Forschung hat die Aufgabe, die Realität immer genauer zu erklären. Ihre Erkenntnisse basieren auf Hypothesen, also Annahmen oder Behauptungen über allgemeingültige reale Zusammenhänge. Diese werden formuliert und anschließend beginnt, wie oben schon erläutert, ihre Überprüfung. Ist die gestellte Hypothese richtig?

Der kritische Rationalismus nach Karl Popper[58] ist als moderne wissenschaftstheoretische Forschungsgrundlage anerkannt und formuliert genau, wie wissenschaftliche Erkenntnisse über die Realität zu gewinnen sind. Demnach ist für die Überprüfung der Richtigkeit einer Hypothese oder Behauptung nicht ein Beweis, sondern die Frage entscheidend, ob sie widerlegt werden kann. Dies nennt man eine „Falsifikation".

Als Beispiel stelle ich eine allgemeingültige Hypothese auf: „Alle Elefanten sind grau." Wenn nun ein Beweis dieser Behauptung durchzuführen wäre, müssten alle im Moment lebenden Elefanten überprüft werden. Ein Verfahren, dessen Unmöglichkeit sofort erkannt wird. Auch wenn diese Mammutaufgabe tatsächlich erledigt worden wäre und die Erkenntnis bestünde, dass wirklich alle überprüften Elefanten grau sind, wäre die Richtigkeit der Hypothese immer noch nicht bewiesen. Denn darin ist formuliert: „*alle* Elefanten". Das schließt auch zukünftig geborene Elefanten ein. Wie schon gesagt, also ein nicht zielführendes Verfahren.

Eine Beweisführung für allgemeingültige Hypothesen funktioniert also nicht. Viel besser sind Versuche, diese zu widerlegen. Im Beispiel genügt es daher, dass ein einziger Elefant in einer anderen Farbe als grau gefunden wird. Sofort ist die Hypothese widerlegt und nicht mehr gültig. Die Forschung ist also aufgerufen, gestellte Hypothesen zu widerlegen. Je mehr Falsifikationsversuche eine Hypothese dabei unbeschadet überstanden hat, umso näher kommt sie an eine richtige und verlässliche Erklärung der Realität heran. Ihre Glaubwürdigkeit steigt demnach deutlich. Für das Beispiel der Elefanten bedeutet dies entsprechend, dass jeder gefundene Elefant mit grauer Farbe die Glaubwürdigkeit der anfangs gestellten Hypothese erhöht. Ein Beweis, dass sie die Realität richtig beschreibt, ist das jedoch noch lange nicht.

Das Besondere am kritischen Rationalismus besteht darin, dass eine Hypothese so lange gilt, bis sie eindeutig widerlegt ist. Und das kann dauern. Sie vorher als ungültig abzulehnen, entspricht nicht einem anerkannten wissenschaftlichen Vorgehen.

Die allgemein formulierte Hypothese „Berichte über außerkörperliche Erfahrungen basieren auf realen Wahrnehmungen" oder ähnliche Hypothesen wurden bis heute trotz vieler Versuche keineswegs klar und eindeutig widerlegt. Es würde dazu ausreichen, beispielsweise bei einer einzigen qualifizierten und umfangreichen Nahtoderfahrung durch zeitgleiche medizinische Untersuchungen einen Nachweis zu erbringen, dass die berichteten Wahrnehmungen ausschließlich durch medizinisch-neurologische Ursachen im Gehirn des physischen Körpers des Betroffenen entstanden sind. Bei einem solchen Nachweis würde die Nahtod-Hypothese ungültig werden. Ein solcher Nachweis konnte jedoch bis jetzt nicht erbracht werden.

Die oben formulierte Nahtod-Hypothese oder ähnliche Hypothesen gelten daher noch immer und besitzen somit eine Glaubwürdigkeit, die subjektiv hoch oder gering eingeschätzt werden kann.

Das Wichtige dabei ist jedoch, dass sie wissenschaftlich zu akzeptieren sind. In einer ernsthaften Forschung muss man also mit einer solchen Situation umgehen und würde es sich viel zu einfach machen, sie wegen mangelnder Beweisfähigkeit als unrealistisch zu verwerfen.

Erschwerend kommt hinzu, dass es mit der wissenschaftlichen Falsifizierung von Nahtodberichten so einfach nicht gehen kann. Denn viele Kritiker beschreiben die Nahtoderfahrung als paranormal, übersinnlich, außersinnlich oder Erlebnisse eines erweiterten Bewusstseins. Was genau beschreiben aber diese Begriffe? Befinden wir uns noch im Argumentationsbereich unserer fünf Sinne? Oder sind wir schon über diese Grenze hinausgegangen? Wird mit ihnen möglicherweise ein Wahrnehmungsraum beschrieben, der außerhalb unseres menschlichen Verständnisses liegt?

Wir müssen als Menschen begreifen, dass wir auf unsere fünf Sinne beschränkt sind. Nur über Dinge und Erlebnisse in dieser eingegrenzten Wahrnehmungsmöglichkeit können wir urteilen und diese dann auch wissenschaftlich bearbeiten.

Wenn Nahtoderlebnisse mit Erscheinungen und Abläufen verbunden sind, die möglicherweise außerhalb unseres menschlichen Verstandes liegen, werden wissenschaftliche Aussagen darüber unmöglich sein. Dann rückt ihre subjektive Glaubwürdigkeit noch stärker in den Vordergrund.

Wer sich dem Nahtodthema wirklich nähern möchte, muss sich also im Klaren sein, dass es um Beweise nicht gehen kann. Vielmehr steht die ganz persönliche, subjektive Einschätzung der Glaubwürdigkeit entsprechender Berichte und Forschungsarbeiten im Mittelpunkt.

Und genau um diese Glaubwürdigkeit von Nahtoderfahrungen geht es hier in diesem Buch.

„Ich glaube, dass diese Berichte für mich wirklich richtig sein könnten!" „Ich könnte mir gut vorstellen, dass die Nahtoderscheinungen in der Realität tatsächlich so vorkommen!" „Diese Bilder sind für mich wirklich glaubwürdig!" So kann man beispielsweise die Aussagen und Berichte für sich persönlich einschätzen.

Erleben ohne funktionsfähiges Gehirn – Der Bericht des Neurochirurgen Eben Alexander

Zum besseren Verständnis dieses Berichts muss ich etwas genauer auf die schon umfangreich dargestellte medizinische Kritik an den Nahtoderfahrungen und die Widerlegungsversuche der zugehörigen Nahtod-Hypothese eingehen. Die medizinischen Kritiker meinen ja, dass diese besonderen Wahrnehmungen innerhalb eines unterversorgten, fehlgesteuerten oder besonders stimulierten Gehirns entstehen. Wie stabil und erfolgversprechend können die zugehörigen Widerlegungsversuche der Nahtod-Hypothese sein?

Wenn also Nahtodwahrnehmungen nur deshalb entstehen, weil das Gehirn nicht mehr im normalen Modus arbeitet, dann müssten, wie oben schon angedeutet, zur Widerlegung der allgemeingültigen Nahtod-Hypothese auch entsprechend genaue Messdaten und weitere medizinische Informationen aus der Zeit dieser Erlebnisse vorliegen. Mit ihnen sollte dann eine Auskunft ermöglicht werden, wie funktionsfähig das Gehirn zum Zeitpunkt dieser besonderen Wahrnehmungen tatsächlich noch war. Ist dieses Ziel überhaupt zu erreichen?

Das fällt sicherlich sehr schwer, aus verschiedenen Gründen. Zum einen stammen die meisten Nahtodberichte von Patienten, die etwa einen Unfall hatten oder in eine plötzliche medizinische Notlage gerieten, zum Beispiel durch einen Herzinfarkt. Bei vielen dieser operativen Eingriffe und gefährlichen Herzkrankheiten wird natürlich auch die Gehirnfunktion genau überwacht.

Wird jedoch ein Patient nicht wegen eines Unfalls oder einer anderen akuten Krankheit behandelt, sondern weil er beispielsweise unter einer lebensbedrohlichen Gehirnerkrankung leidet, würde die gesamte Gehirnfunktion vermutlich noch exakter, umfangreicher und vor allem länger überwacht werden müssen. Bei den meisten der vorliegenden Nahtodberichte standen wohl bestimmte medizinische Daten über die Gehirnfunktion der Betroffenen zur Verfügung, überwiegend abgeleitet aus „normalen“ und nicht gehirnspezifischen Krankheiten. Es ist daher fraglich, ob sie eine ausreichende Beurteilung des tatsächlich vorhandenen Umfangs einer Gehirnstörung erlauben.

Des Weiteren kann man davon ausgehen, dass die Datenqualität aus der Patientenüberwachung keine richtige Interpretation erlaubte. Lag tatsächlich eine zeitlich exakte Übereinstimmung zwischen der Gehirnfunktionseinschränkung und dem Nahtoderlebnis vor? Diese mögliche Ungenauigkeit eröffnete den medizinischen Betreuern letztlich einen großen Raum für Vermutungen, bei denen möglicherweise persönliche Auffassungen des untersuchenden Arztes oder traditionelle medizinische Lehransätze berücksichtigt wurden. Insgesamt also keine belastbare Ausgangssituation.

Ein weiterer, sehr wichtiger Kritikpunkt der Neurologen besteht in der Feststellung, dass künstliche und nahtodähnliche Wahrnehmungen im Gehirn bewusst im täglichen Leben erzeugt und gemessen werden können und somit nicht auf die Nähe des Todes beschränkt sind. Die so hergestellten Sinnesempfindungen scheinen jedoch sehr viel einfacher, isolierter und deutlich unstrukturierter zu sein als die voluminösen Wahrnehmungen innerhalb von echten Nahtoderfahrungen. Ihnen fehlen hauptsächlich die große Intensität, der Umfang, die Abfolge verschiedener Sinneseindrücke und häufig auch emotionale Erlebnisse wie etwa Liebe, Annahme, Verständnis, vor allem aber die erlebte Kommunikation mit anderen und auch mit einem Lichtwesen. In den Forschungsberichten zu Nahtoderfahrungen wird also eine wesentlich größere Wahrnehmungsbreite und -tiefe gezeigt.

Auf ein allgegenwärtiges und ganz anders gelagertes Problem im Umgang mit der medizinischen Kritik möchte ich noch hinweisen. Es geht darum, inwieweit sich Patienten mit Ärzten in einer medizinisch unklaren Situation verständigen können. Will ein normaler Patient mit einem Arzt über sein Nahtoderlebnis reden, wird er normalerweise mit seinen Schilderungen zunächst nicht angenommen werden. Bleibt er jedoch hartnäckig und wiederholt seine Erlebnisse, muss er sich mit medizinischen Gegenargumenten auseinandersetzen. In komplizierten Wissensgebieten, zum Beispiel der Neurologie, wird der Patient fachlich nicht fähig sein, sich einer medizinischen Meinung zu widersetzen. Neurologie und Neurochirurgie sind extrem komplex und spezialisiert. Sie benutzen darüber hinaus eine ganz eigene Begriffswelt, die ohne entsprechendes Fachwissen unverständlich bleibt. Damit fällt es einem Arzt leicht, in der medizinischen Kritikwelt zu verharren, ohne sich den besonderen Erlebnissen des Patienten gegenüber öffnen zu müssen.

Alles Argumente, welche die Glaubwürdigkeit der neurologischen Kritik schwanken lassen.

Man möchte wirklich niemandem eine schwere Krankheit wünschen. Aber in dieser Auseinandersetzung könnte Klarheit entstehen, wenn ein kompetenter Neurologe selbst ein eigenes Nahtoderlebnis aufgrund einer schwerwiegenden Gehirnerkrankung erleben würde. Und es müsste dann exakt gemessen werden, zu welchem Zeitpunkt seine Gehirnfunktion eingeschränkt war und wann genau diese Nahtoderlebnisse stattgefunden haben. Damit wäre eine Überprüfung möglich, ob die medizinische Kritik tatsächlich schlagkräftig ist und die Nahtod-Hypothese möglicherweise widerlegt werden könnte.

Es müssten also vorliegen: die zeitliche Übereinstimmung, die Konzentration auf aussagefähige Daten der Gehirnfunktion und das fachliche Expertenwissen. Dazu noch die Forderung, dass diese medizinischen Messungen den heutigen Technik- und Analysestandards entsprechen und nicht aus historischen Zeiten stammen. Alles zusammen, so scheint es, eine nicht erfüllbare und sehr hypothetische Vorstellung.

Aber genau diese Kombination hat existiert. Eigentlich unglaublich! Welche Aussagen zur Gültigkeit der Nahtod-Hypothese können daraus abgeleitet werden?

Eben Alexander, ein Neurochirurg, erkrankte 2008 im Alter von 54 Jahren schwer an einer Meningitis, in deren Verlauf er eine sehr starke Nahtoderfahrung hatte. Er beschrieb seine Wahrnehmungen und medizinischen Interpretationen in einem Buch. Die amerikanische Originalausgabe erschien im Jahr 2012 und trägt den Titel *Proof of Heaven*. Der deutsche Titel *Blick in die Ewigkeit* erschien 2013.

Die Erlebnisse von Eben Alexander möchte ich genauer schildern, weil sie letztlich die medizinische Kritik an den Nahtoderlebnissen sehr fraglich erscheinen lassen.

Über welche Kompetenz verfügt Eben Alexander, um qualifizierte Aussagen zu diesem schwierigen Thema machen zu können?

Er studierte Medizin, absolvierte eine Facharztausbildung zum Neurochirurgen und spezialisierte sich zunächst auf Neuroendokrinologie, um sich später über ein Forschungsstipendium in zerebrovaskulärer Neurochirurgie ausbilden zu lassen. Er arbeitete fünfzehn Jahre lang an der hochqualifizierten Harvard Medical School in Boston als außerordentlicher Professor für Neurochirurgie und war in verschiedene Forschungsprojekte integriert. Also ganz offensichtlich ein ausgewiesener Experte für Neurologie, der weiß, worüber er spricht.

Seine Hirnhautentzündung wurde ausgelöst durch E. coli-Bakterien, eine für Erwachsene sehr seltene und außerordentlich gefährliche Krankheit, deren Überlebenschancen gegen null gehen.[59] Sieben Tage lang lag er im medizinisch außerordentlich streng überwachten Koma und berichtete anschließend über seine intensive Nahtoderfahrung.

Ich möchte hier nur auf einige wichtige Passagen seines sehr ausführlichen und umfangreichen Nahtodberichts eingehen. Zu Beginn seiner Wahrnehmung fühlte er sich körperlos eingetaucht in tiefe Dunkelheit, aus der sich langsam ein helles Licht herabsenkte. „Dann tauchte mitten im Zentrum dieses Lichts noch etwas anderes auf. … Eine Öffnung. Ich schaute überhaupt nicht mehr *auf* das sich langsam drehende Licht, sondern *durch es hindurch*. In dem Moment … begann ich mich nach oben zu bewegen. Schnell. Es gab ein zischendes Geräusch, und in Windeseile sauste ich durch die Öffnung und fand mich in einer völlig neuen Welt wieder. Es war die eigenartigste, schönste Welt, die ich je gesehen hatte. Großartig, lebendig, ekstatisch, atemberaubend …“[60]

Er erkannte neben sich eine junge Frau, die zu ihm sprach. „Die

Botschaft bestand aus drei Teilen, und wenn ich sie in eine irdische Sprache übersetzen müsste, würde ich sagen, dass sie etwa so lauteten:

‚Du wirst für immer zutiefst geliebt und geschätzt.'

‚Du hast nichts zu befürchten.'

‚Du kannst nichts falsch machen.'

Die Botschaft durchflutete mich mit einem gewaltigen, verrückten Gefühl der Erleichterung. … ‚Wir werden dir hier viele Dinge zeigen', sagte die junge Frau – wieder ohne tatsächlich diese Worte zu gebrauchen, sondern indem sie mir ihre Kernbotschaft direkt einflößte. ‚Doch am Ende wirst du zurückkehren.'"[61]

Er kehrte nicht sofort zurück, sondern wurde zunächst weitergeführt in eine für ihn völlig fremde, aber sehr angenehme Welt. Zweifellos hatte er ein viel intensiveres und längeres Erlebnis, als es in anderen Berichten beschrieben wird, und nahm Dinge wahr, über die andere Menschen mit Nahtoderlebnissen nur ansatzweise erzählen oder die ihnen völlig verschlossen blieben.

Bevor er zurückmusste, bewegte er sich in dieser neuen Welt auf ein Zentrum zu, das er Gott oder *Om* nannte, und spürte gleichzeitig dessen unermessliche Weite.

Er begann mit diesem Zentrum Kontakt aufzunehmen. „Obwohl wir nach wie vor nicht in Form einer Sprache, wie wir sie kennen, kommunizierten, war die ‚Stimme' dieses Wesens warm und – ich weiß, das mag seltsam klingen – persönlich. Es verstand die Menschen und verfügte über Eigenschaften, die wir auch haben, nur in einem unendlich größeren Ausmaß. Es kannte mich in- und auswendig und sprudelte über vor Eigenschaften, die ich mein ganzes Leben lang mit menschlichen Wesen – und nur mit menschlichen Wesen – in Verbindung gebracht hatte: Wärme, Mitgefühl, Pathos … ja, sogar Humor und Ironie."[62]

Eben Alexander wachte aus seinem Koma auf und war zutiefst beeindruckt von seinem intensiven Nahtoderlebnis. Und als ausgewiesener Experte für Gehirnfunktionen fragte er sich natürlich sofort, wie real seine Wahrnehmungen waren. Hirngespinst oder Wirklichkeit?

Bis zum Zeitpunkt dieses Erlebnisses hatte er zwar von Nahtoderfahrungen gehört, bezeichnete sie als Experte für Neurologie jedoch als Fantasie. Nun befand er sich in einem außerordentlich großen Zwiespalt. Er wollte und musste sich Klarheit verschaffen. Zuallererst war für ihn die Frage anzugehen, ob sein Gehirn zum Zeitpunkt seiner schweren Krankheit überhaupt medizinisch in der Lage gewesen war, irgendwelche Wahrnehmungen zu ermöglichen. Er erkannte schnell, dass dies nicht der Fall war, und führt klar aus, dass sein Gehirn während seines Komas überhaupt nicht gearbeitet hatte. Er grenzt dabei deutlich eine unzureichende von einer – bei ihm offensichtlich vorliegenden – völlig ausgefallenen Funktion ab.[63] „In Fällen einer bakteriellen Meningitis greifen die Bakterien zuerst die äußere Gehirnschicht an, den Kortex. … Der Kortex ist zuständig für Gedächtnis, Sprache, Emotionen, visuelle und auditive Wahrnehmung sowie Logik. Wenn also ein Organismus wie *E. coli* das Gehirn angreift, nehmen zunächst diejenigen Bereiche Schaden, die Funktionen erfüllen, welche für die Aufrechterhaltung unserer menschlichen Eigenschaften entscheidend sind."[64]

Er diskutierte seine Nahtoderlebnisse mit mehreren anderen Experten auf dem Gebiet der Neurologie und stellte dabei einige gängige schulmedizinische Hypothesen auf, die seine Erlebnisse möglicherweise als „normale" Erscheinungen seines Gehirns hätten erklären können. Keine dieser Hypothesen war jedoch laut diesem Gremium dazu in der Lage.[65]

Im Laufe der anschließenden Wochen und Monate beschäftigte sich Eben Alexander immer ausführlicher mit Nahtoderlebnissen, wie sie in Forschungsberichten und anderen Büchern beschrieben werden. Sein eigenes Erlebnis ordnet er dabei folgendermaßen ein: „… was den Teil meines Gehirns anging, von dem jeder Hirnforscher sagen würde, dass er für meine menschliche Seite verantwortlich ist – nun, dieser Teil war nicht mehr vorhanden. Das konnte ich den Scans, den Laborwerten und den Ergebnissen meiner neurologischen Untersuchungen entnehmen – all den Daten zu meiner genau dokumentierten Woche im Krankenhaus. Mir wurde schnell klar, dass mein Nahtoderlebnis aus fachlicher Sicht nahezu makellos gewesen ist, vielleicht einer der überzeugendsten Fälle dieser Art in der neueren Geschichte. Was in meinem Fall wirklich Gewicht hat, ist nicht das, was mir persönlich passiert ist, sondern die absolute Unmöglichkeit, aus medizinischer Sicht zu behaupten, dass dies alles Fantasie gewesen ist."[66]

Eben Alexander ergänzt diese klare Feststellung mit einem wichtigen Zusatz, in welchem er auf die medizinische Qualität seiner Aussagen eingeht: „Gleichzeitig basieren meine Schlüsse auf einer medizinischen Analyse meiner Erfahrung und auf meiner Vertrautheit mit den neuesten Ansichten der Hirnforschung und der Bewusstseinsforschung."[67]

Dieser eindeutigen medizinischen Stellungnahme ist nichts hinzuzufügen. Kritiker der Nahtoderfahrungen müssten diese Schilderungen eigentlich genau zur Kenntnis nehmen. Denn die besonderen Erlebnisse von Eben Alexander fanden zu einem Zeitpunkt statt, an welchem nicht nur eine Unterversorgung des Gehirns, sondern laut seinen Recherchen überhaupt keine Gehirnfunktion mehr vorhanden war.

Mir persönlich bieten die Ausführungen und Erlebnisse von Eben Alexander aufgrund der medizinischen Expertise eine sehr hohe Glaubwürdigkeit. Nahtoderfahrungen sind demnach existent und offensichtlich doch keine Hirngespinste!

Trotzdem möchte ich weitere Berichte prüfen. Im Vordergrund stehen ganz besondere und umfangreiche außerkörperliche Erfahrungen, die möglicherweise eine noch größere Klarheit entstehen lassen können.

Die Existenz außerkörperlicher Erfahrungen

Außerkörperliche Erfahrungen stellen für mich den wichtigsten Teil der Nahtoderlebnisse dar. Man muss sich die besondere Situation eines Patienten klar vor Augen führen: Er wacht aus einer Narkose auf und erzählt sehr ausführlich, dass er während einer

Operation verschiedene Menschen und Gegenstände gesehen hat, die sich weit außerhalb des Operationssaals befanden. Das ist ungewöhnlich und verblüffend und fordert kritische Stellungnahmen geradezu heraus.

Beispielsweise bestreitet sie der Religionswissenschaftler Hubert Knoblauch intensiv, weil, wie bereits erwähnt, ihre Existenz nicht „bewiesen“ sei. Auch der Nahtodkritiker und Neurologe Birk Engmann hält von außerkörperlichen Erlebnissen und den entsprechenden Berichten überhaupt nichts. Er ordnet sie ganz pauschal den menschlichen Erinnerungsgeschichten des Patienten zu und behauptet: „Berichte im Zusammenhang mit außerkörperlichen Erfahrungen über Details im Operationssaal, die aufgrund der Position des Körpers überhaupt nicht hätten wahrgenommen werden können, halten einer kritischen Wertung nicht stand. … Auffällig ist, dass die Berichte oft allgemein gehalten sind und somit sowohl der Interpretation seitens des Betroffenen als auch der des Untersuchers große Spielräume gegeben sind. Die meisten Menschen sind ja mit den ungefähren Abläufen und der Ausstattung eines Operationssaals vertraut.“[68]

Bei genauerer Auseinandersetzung mit den Berichten zur Nahtodforschung kann man jedoch schnell erkennen, dass diese Auffassung nicht richtig ist. Vielmehr werden dort in vielen Schilderungen der Betroffenen sehr detaillierte und umfangreiche Wahrnehmungen beschrieben, die während einer Außerkörperlichkeit stattgefunden haben. Im vorherigen Kapitel bin ich bereits darauf eingegangen.

Entscheidend in den wirklich häufig anzutreffenden Berichten ist für mich, dass während der außerkörperlichen Erfahrungen Dinge wahrgenommen werden, die aus der Position des liegenden Körpers nicht hätten wahrgenommen werden können. Auch das mögliche Argument, dass diese Dinge doch irgendwie mithilfe der körperlichen Augen erkannt wurden, ist zu bezweifeln, da einige Betroffene beispielsweise über ihren auf dem Operationstisch liegenden Körper berichteten, der völlig mit Tüchern abgedeckt war. Trotzdem fanden die Wahrnehmungen statt.

Darüber hinaus ist sehr interessant, dass während der Außerkörperlichkeit immer wieder Gespräche zwischen Ärzten und Krankenhausmitarbeitern mitgehört werden konnten und nach der Rückkehr in den physischen Körper darüber berichtet wurde.

Einer dieser Berichte zeigt diese Zusammenhänge und Wahrnehmungsmöglichkeiten sehr deutlich und ist in einer Veröffentlichung des Nahtodexperten Michael Sabom zu finden. Er interviewte einen 52-jährigen Mann, bei dem 1978 eine schwere Herzoperation durchgeführt wurde. Aus den sehr ausführlichen Schilderungen übernehme ich nur einige Teile:

„Auf einmal bemerkte ich, … dass ich mich ein paar Fuß über meinem Kopf befand, … so, als ob ich eine andere Person im Raum war … Ich erinnere mich genau daran, dass ich zwei Ärzte sah, die mich nach der Operation zunähten. Dr. C, ja, ich glaube, es war Dr. C, weil der so große Hände hat, spritzte mir zweimal irgendetwas ins Herz, einmal von der einen Seite und einmal von der anderen. Ich erinnere mich auch noch an den Apparat, mit dem sie mir die Rippen auseinanderhielten; irgendetwas schoben sie mir hier oben in die Vene und sie lasen die Anzeige von irgendeinem Gerät ab. Der Narkosearzt, da bin ich ganz sicher, hatte etwas Glänzendes in der Hand. Ich konnte alles sehen. Auch, dass mein Kopf abgedeckt war und dass mein übriger Körper mit Tüchern bedeckt war, mit mehreren übereinanderliegenden Tüchern. Ich wusste, dass es mein Körper war. Ich hatte mir immer vorgestellt, das Licht würde viel heller sein, aber das Licht dort war gar nicht so hell. Es kam mir mehr wie eine Neonröhre vor als wie ein starker Scheinwerfer … Ich konnte auch zum Teil hören, was geredet wurde, und das überraschte mich.“[69]

Zweifellos ist dieser Bericht überhaupt nicht unscharf und allgemein beschrieben, wie in kritischen Meinungen oft behauptet wird. Die Genauigkeit der Schilderungen trifft auch auf ähnliche Berichte von anderen Betroffenen zu. Sie unterstützen damit die Vermutung, dass die Wahrnehmungen während der Außerkörperlichkeit auf realen Situationen beruhen. Mit bildhaften Erinnerungen aus dem Leben der Betroffenen oder Sehnsüchten und Wünschen haben sie wohl weniger zu tun.

Weil die außerkörperlichen Erfahrungen eine so außerordentlich wichtige Rolle für die Glaubwürdigkeit der gesamten Nahtoderlebnisse besitzen, muss ich im folgenden Kapitel noch näher auf sie eingehen.

5

Die Seele existiert

Wenn also die Hypothese Bestand hat, dass Nahtoderfahrungen und besonders die außerkörperlichen Erlebnisse reale Wahrnehmungen sind, entsteht die Frage, *wer* das alles erlebt. Gibt es aufschlussreiche Berichte über ein eigenes Medium, welches diese besonderen Wahrnehmungen hat und möglicherweise aus unserem Körper austritt?

Die transpersonale Psychologie beispielsweise ordnet Nahtoderlebnisse und außerkörperliche Erfahrungen einem „erweiterten Bewusstsein" zu. Wo aber befindet sich dieses? Werden die Erlebnisse im Körper wahrgenommen oder außerhalb? Eine eindeutige Antwort darauf zu finden, fällt auch der transpersonalen Psychologie schwer. Aber sie eröffnet eine interessante Möglichkeit. Nach der Auffassung des Psychologen Walch könnten die Nahtodberichte darauf hinweisen, dass es möglicherweise eine Wahrnehmungsfunktion gibt, die nicht an die Lage und den Ort des physischen Körpers gebunden ist.[70]

Also ist alles möglich. Die Frage nach diesem Medium betrifft den absolut wichtigsten Kern des Nahtod-Themas. Von ihrer Beantwortung hängen aus meiner Sicht ganz stark die Glaubwürdigkeit und vor allem die große Hilfestellung der Nahtoderlebnisse im Umgang mit dem eigenen Sterben ab. Sie öffnet darüber hinaus weit die Türen für Teile unseres gesamten menschlichen und spirituellen Verständnisses. In vielen Bereichen, zum Beispiel in der Religion, gibt es klare Vorstellungen und Annahmen darüber, dass sich irgendetwas aus unserem Körper lösen kann. Auf solche religiösen oder auch spirituellen Interpretationen möchte ich hier jedoch nicht weiter eingehen, denn Antworten auf diese schwierige Frage können auch aus Forschungsberichten oder forschungsähnlichen Veröffentlichungen zu den Nahtoderfahrungen abgeleitet werden.

Also: Gibt es ein Medium, das aus unserem Körper austritt?

Besonders intensive außerkörperliche Erlebnisse

Je tiefer man sich mit außerkörperlichen Erfahrungen beschäftigt, umso eher scheint es eine Antwort auf diese Frage zu geben. Um sie genau zu klären, ist es notwendig, die gespürte Außerkörperlichkeit mit ganz besonderen und intensiven Erlebnisberichten näher zu beschreiben. Damit wird eine Grundlage gelegt, um anschließend genauer auf deren Nachprüfung eingehen und ihre Glaubwürdigkeit beurteilen zu können. Aus meiner Sicht gelingt dies nur, wenn die wichtigen und sehr umfangreichen Originalzitate aus den Forschungsarbeiten wiedergegeben werden.

Der Nahtodforscher Kenneth Ring weist im Rahmen seiner Forschungsarbeiten beispielsweise auf ganz besondere Wahrnehmungsmöglichkeiten und Empfindungen während der Außerkörperlichkeit hin.[71] Ring bekam Kontakt zu zwei Personen, die von Geburt an blind waren, Vicki und Brad. Beide hatten normale Nahtodereignisse und berichteten, dass sie sich zunächst von ihren Körpern lösten. Danach geschah das Wunderbare: Sie erlebten völlig unbekannte visuelle Wahrnehmungen. Häuser, Lichter, Straßen, Menschen und vieles mehr. Sie konnten sehen! Nach der Rückkehr in ihre Körper waren diese neuartigen Wahrnehmungen jedoch beendet. Eine der beiden Personen hob hervor, dass sich diese Erlebnisse ganz deutlich von ihren Träumen unterschieden hätten. Dort würde sie nur von Geräuschen, Geschmack, Gerüchen oder ertasteten Wahrnehmungen träumen. Niemals visuell.

Bemerkenswert ist, dass dieses Sehen innerhalb von ganz normalen Nahtoderlebnissen stattfand. Die Frage ist nur: Woher wussten die beiden von Geburt an blinden Menschen, wie Häuser, Dächer oder Straßen aussehen? Sie verfügten in ihrem jeweiligen Gehirn schließlich nicht über entsprechend abgespeicherte Bilder. Wo aber war nun das Wissen gelagert, auf welches zugegriffen wurde?

Es hört sich ungewöhnlich und fremd an, wenn von Geburt an blinde Menschen im außerkörperlichen Bereich plötzlich sehen können. So fremd, dass man sogar vermuten könnte, die Berichte seien aus irgendwelchen Gründen fehlerhaft. Solche Spekulationen treffen aber offensichtlich nicht zu. Kenneth Ring beschäftigte sich intensiv mit diesem erstaunlichen Phänomen. Im Zusammenhang mit seinen oben erwähnten Forschungsarbeiten konnte er eine Gruppe von 31 blinden Menschen bilden, von denen 14 von Geburt an blind waren. Und alle hatten außerkörperliche Erfahrungen, bei denen 80 % sehen konnten. Entweder wieder oder erstmals. Menschen oder andere Objekte aus der physischen Welt wurden visuell erlebt. Einige wenige Gruppenmitglieder, die von Geburt an blind waren, konnten allerdings mit dem Begriff „sehen“ nichts anfangen. Das ist durchaus verständlich. Aber für die anderen war das plötzliche Sehen ein riesengroßes und überwältigendes Ereignis.

Nahtodberichte von blinden Menschen, die plötzlich wieder sehen konnten, werden auch bei anderen Forschern erwähnt. Kenneth Ring ging in seinen Forschungen und Veröffentlichungen jedoch besonders ausführlich darauf ein.

Was bedeutet dies nun? Ist es möglich, dass während der außerkörperlichen Erfahrungen qualitativ andere Sinne angesprochen sind, als sie im normalen Körper zur Verfügung stehen? Und nochmals: *Wer* hat denn das alles gesehen? Etwa der physische Körper, dem aber das Wissen über das Aussehen von Dingen fehlte? Oder doch ein anderes Medium? Weisen die Forschungen mit blinden Menschen tatsächlich auf ein solches besonderes Medium mit ganz besonderen Eigenschaften hin?

Es gibt noch andere aussagekräftige Berichte, die auf solche außergewöhnlichen Eigenschaften und Fähigkeiten dieses Mediums hinweisen. Der Nahtodforscher Bernard Jakoby berichtet beispielsweise von einer Frau, die während einer Kaiserschnittgeburt in die Todesnähe kam und eine außerkörperliche Wahrnehmung erlebte. Sie hatte den Eindruck, an der Decke zu schweben, während die Ärzte versuchten, ihren physischen Körper wieder ins Leben zurückzuholen. Während dieses Schwebezustandes fühlte sie sich jedoch völlig wohl und amüsierte sich über die Hektik der Ärzte. Sie schwebte ins Nebenzimmer und beobachtete mehrere Krankenschwestern beim Bad ihres frisch geborenen Säuglings. Dabei dachte sie an ihren neunjährigen Sohn, der zu dieser Zeit auf der Insel Sylt war. Plötzlich konnte sie ihn dort beim Mittagessen beobachten und spürte auch einen Kontakt zu ihm.[72]

In dieser außerkörperlichen Erfahrung wird eine große räumliche Distanz überwunden. Nicht nur das Erlebnis im Nebenzimmer, sondern vor allem das Schweben zum Aufenthaltsort ihres Sohnes ist bemerkenswert. Die Zeit, die sie für den Weg brauchte, war offensichtlich kaum zu messen. Sie „dachte" sich dorthin und schwupp, hatte sie ihren Sohn direkt vor sich. Blitzartig! Sie sah ihn nicht als Bild wie auf einem Foto, nein, sie sah ihn lebendig und in Aktion. Die Mutter konnte also mit ihrem aus dem Körper ausgetretenen Medium ihren Sohn direkt beobachten.

Michael Sabom berichtet in seinen Forschungsarbeiten über viele außerkörperliche Erfahrungen mit sehr eindrücklichen Erlebnissen. Dazu gehört beispielsweise ein sehr dramatisches und gut dokumentiertes Ereignis aus dem Vietnamkrieg.[73]

Am 6. Juni 1966 um ca. 5 Uhr morgens fand ein Angriff von Vietcong-Soldaten auf eine amerikanische Einheit statt. Einer der Amerikaner wurde von den Explosionen der Granaten hin und her geschleudert und an einem Arm schwer verletzt. Er fiel in Ohnmacht und sah plötzlich von oben seinen Körper wie eine Puppe am Boden liegen. Überall war Blut und die Puppe sah sehr verbrannt aus. Vietcong-Soldaten durchsuchten das Gelände, einer davon zog ihm die Stiefel aus. Trotz großer Anstrengung von oben gelang es ihm nicht, seinen am Boden liegenden Körper zu bewegen. Er hatte überhaupt keine Schmerzen und betrachtete das ganze Geschehen wie ein unbeteiligter Zuschauer. Weiter berichtet er: „Um 16 oder 17 Uhr kamen unsere eigenen Truppen. Ich konnte sie hören und auch sehen … Ich war ganz offensichtlich hinüber, verbrannt. Auch meine Uniform war völlig verbrannt. Ich sah tot aus … Sie steckten mich in einen Sack … Wir wurden auf einen Karren geschichtet … Wenn ich einen von ihnen [den Soldaten] hinterher gesehen hätte, hätte ich ihn identifizieren können … Wir wurden zu einem LKW geschafft und in die Leichenhalle gebracht … Alles, was ich damals anhatte, war eine blutige Unterhose. Ich beobachtete, wie er [ein Kerl] mir die mit einem Griff herunterriss, wie er mir das Bein abspreizte und wie er mich [in die linke Leiste] schnitt [um zur Einspritzung von Einbalsamierungsflüssigkeit die Oberschenkelvene freizulegen] … Er hatte bereits einen kleinen Einschnitt gemacht, als er zu lachen aufhörte, er war erstaunt darüber, dass die Wunde noch so stark blutete. Er prüfte noch einmal meinen Puls und meinen Herzschlag, ich konnte das alles sehen, wie man einen Dritten sieht … Er prüfte den Puls und da er sich nicht sicher war, fragte er jemand anders. Etwa an diesem Punkt setzte meine [außerkörperliche] Wahrnehmung aus."[74] Der schwer verwundete Soldat wurde dann in einen anderen Raum verlegt, die Hand amputiert und nach der Operation waren sein Körper und sein Ich wieder zusammen. Die außerkörperliche Wahrnehmung war damit beendet.

Man kann froh sein, dass dieser Soldat, wohl im Gegensatz zu vielen seiner Kameraden, den schweren Angriff und seine gefährliche Verletzung überlebt hat. Beachtenswert ist an seinem Nahtoderlebnis die Zeitdauer. Die meisten außerkörperlichen Erlebnisse beschreiben Abläufe von wenigen Minuten, bei Operationszeiten manchmal auch länger, sofern Zeit in den Berichten überhaupt erwähnt wird. Hier geht es jedoch um ein Erlebnis, bei dem die Außerkörperlichkeit über sehr viele Stunden dauerte.

Der Nahtodforscher Michael Sabom beschreibt eine Nahtoderfahrung von wirklich ganz besonderer und außergewöhnlicher Bedeutung. Sie stellt eines der wichtigsten Beispiele von Nahtodberichten überhaupt dar. Ich möchte sie daher sehr detailliert beschreiben, weil sie eine Grundlage legt für die weitere Beurteilung ihrer Glaubwürdigkeit.

Sabom hatte als Kardiologe von diesem speziellen Ereignis gehört, traf den behandelnden Arzt und analysierte ganz genau die medizinischen Daten des Falls.

Eine Patientin, Pamela Reynolds, hatte während einer Gehirnoperation ein hochinteressantes, genau dokumentiertes und umfangreich medial verwertetes Nahtoderlebnis.[75] Bei der 35-jährigen Frau wurde ein großes Aneurysma an der Hirnstammschlagader festgestellt. Eine solche blasenähnliche Ausbuchtung am Blutgefäß stellt eine lebensgefährliche Erkrankung dar, weil sie jederzeit platzen kann. Mit einer äußerst komplizierten Hirnoperation sollte dieses Aneurysma nun entfernt werden. Nur sehr wenige Ärzte auf der Welt trauten sich damals eine solche Operation zu und verfügten auch über die entsprechenden, technisch sehr aufwändigen Operationsbedingungen. Pamela fand in Dr. Robert F. Spetzler einen Spezialisten, allerdings 3.000 km von ihrem Wohnort entfernt. Sie ahnte damals noch nicht, welche Berühmtheit sie durch diesen Eingriff erlangen würde.

Dr. Robert Spetzler, ein weltbekannter Neurochirurg, der übrigens im Alter von 11 Jahren mit seinen Eltern von Deutschland in die USA zog, leitete damals die Abteilung für Neurochirurgie am Barrow Neurological Institute des Dignity Health St. Joseph‘s Hospital and Medical Center in Phoenix, Arizona. Später wurde er dessen Präsident.

Er spezialisierte sich schon früh auf zerebrovaskuläre Erkrankungen und Schädelbasistumore und war in diesem Zusammenhang an der Entwicklung der Unterkühlungstechnik zur Behandlung schwieriger Hirnfunktionsstörungen beteiligt. Sehr aktiv engagierte er sich in Forschung und Lehre.

In vielen TV-Sendungen äußerte er sich später detailliert zum Fall von Pamela Reynolds. So sagte er beispielsweise: „Was es so schwierig machte, war der Umstand, dass das Aneurysma an der Schädelbasis unter dem Hirnstamm saß. Diese Blase konnte platzen und so im Gehirn der Patientin eine unbeschreibliche Katastrophe anrichten. In einem solchen Fall war es wirklich problematisch zu operieren. Den Operationstypus, dem sich Pamela unterziehen würde, bezeichnet man als hypothermischen Herzstillstand. Pamelas Körpertemperatur würde auf 10 bis 14 Grad Celsius gesenkt. Herz und Atmung würden aussetzen. Ihre Gehirnwellen würden sich bis zu einer geraden Linie abschwächen und das Blut würde aus ihrem Kopf entweichen. Eine Stunde lang wäre sie klinisch tot. Denn wir hatten vor, ihr Gehirn völlig stillzulegen. Wir wollten sie nicht nur betäuben, wir wollten alle Stoffwechselvorgänge im Gehirn zum Erliegen bringen. In einem solchen Zustand ist kein messbarer Output mehr vorhanden, es liegt also keine messbare Aktivität mehr vor."[76]

Pamela wurde in den beschriebenen Operationszustand versetzt und hatte während dieser Zeit ein intensives Nahtoderlebnis. Ihre Schilderungen wurden umfangreich dokumentiert:

„Ich kann mich an keinen Operationssaal erinnern. Ich kann mich nicht erinnern, dass ich Dr. Spetzler gesehen habe. Ein Assistent begleitete mich, es war einer von Spetzlers Assistenten, der bei mir war. Und dann … nichts. Absolut nichts. Bis zu diesem Geräusch. Und dieses Geräusch war … unangenehm. Eine Art Kehllaut. Als säße ich beim Zahnarzt. Und ich erinnere mich, dass es auf meinem Kopf anfing zu kribbeln und ich irgendwie aus meinem Kopf herausrutschte. Je mehr ich mich aus meinem Körper entfernte, desto deutlicher wurde das Geräusch. Und als ich nach unten sah, konnte ich nach und nach verschiedene Dinge im Operationssaal erkennen. Nie im Leben hatte ich etwas so klar wahrgenommen. Und dann schaute ich auf meinen Körper hinab, und dabei wusste ich, dass es mein Körper war. Aber das kümmerte mich nicht. Ich dachte nur, seltsam, wie sie mir den Kopf rasiert haben. Ich hatte erwartet, sie würden mich kahl scheren, aber das hatten sie nicht getan … Meine Position, von der aus ich alles beobachtete, lag ungefähr auf Schulterhöhe des Chirurgen. Es war keine normale Wahrnehmung, sie war klarer, gezielter und schärfer als übliches Sehen. Im Operationssaal gab es viele Dinge, die ich nicht kannte, und eine ganze Menge Leute. Ich erinnere mich an das Instrument in der Hand des Chirurgen, es sah aus wie der Griff meiner elektrischen Zahnbürste. Ich dachte, sie würden meinen Schädel mit einer Säge öffnen. Ich hörte, dass sie von einer Säge sprachen, aber was ich sah, glich eher einem Bohrer. In einem Kästchen lagen sogar alle möglichen Ersatzbohrer. Es glich dem Kästchen, in dem mein Vater seine Steckschlüssel aufbewahrte, als ich noch ein Kind war. Ich sah den Griff dieses Bohrers, aber ich sah nicht, wie sie damit in meinem Kopf arbeiteten. Aber ich hörte es, einen hohen, surrenden Ton. Und ich erinnere mich an die Herz-Lungen-Maschine. Ich mochte dieses Beatmungsgerät nicht. Ich erinnere mich an jede Menge Instrumente, die ich nicht kannte. Und ich hörte ganz deutlich, wie eine Frauenstimme sagte: ‚Wir haben ein Problem. Ihre Arterien sind zu eng.' Und dann eine Männerstimme, die erwiderte: ‚Versuch es an der anderen Seite.' Diese Stimme kam offenbar eher vom unteren Teil des Operationstischs. Ich erinnere mich deutlich, dass ich mich fragte, was sie da zu suchen hätten [sie grinst], denn schließlich fand hier doch eine Gehirnoperation statt! Sie öffneten gerade Blutgefäße in meiner Leiste, um mir so Blut abnehmen zu können. Aber das kapierte ich nicht …

Dann spürte ich die ‚Präsenz' von jemandem. Ich drehte mich um, wenn man das so sagen kann, … und schaute nach, was da war. Und dann sah ich diesen kleinen Lichtfleck. Das Licht zog mich allmählich an, doch nicht gegen meinen Willen, denn schließlich wollte ich zu ihm. Ich konnte wirklich körperlich spüren, wie es mich anzog, und ja, ich weiß, wie das klingt … doch es ist wahr! Es war eine körperliche Empfindung, als ob man durch etwas hindurchginge. Als sei ich in einem Tornado gelandet, der sich nicht drehte. Es fühlte sich an, als würde man mit einem Fahrstuhl in unglaublicher Geschwindigkeit aufwärts fahren. Es kam mir wie ein Tunnel vor, aber dann war es doch kein Tunnel. Ich bewegte mich immer weiter auf das Licht zu. Und je mehr ich mich dem Licht näherte, desto deutlicher konnte ich verschiedene Gestalten erkennen, verschiedene Menschen, und ich hörte ganz deutlich, wie meine Großmutter mich rief. Sie hatte eine sehr eigenartige Stimme. Aber ich hörte sie nicht mit den Ohren. Meine Wahrnehmung war viel klarer als mein Gehör.

Ich ging direkt auf sie zu. Das Licht war unglaublich hell, als befände man sich im Innern einer Lampe. Im Licht konnte ich immer deutlicher Figuren erkennen – sie waren alle in Licht gehüllt, sie bestanden aus Licht und strahlten auch Licht aus – nach und nach nahmen sie eine Form an, die ich erkennen und begreifen konnte. Ich sah viele Leute, die ich kannte, und sehr viele, die ich nicht kannte. Aber ich wusste, dass ich auf die eine oder andere Weise mit ihnen verbunden war. Es fühlte sich … großartig an! Im Nachhinein weiß ich, dass jeder perfekt in das Bild passte, das ich von ihm auf dem Höhepunkt seines Lebens hatte … Ich erkannte viele Leute. Meine Großmutter und Onkel Gene, der mit 39 Jahren gestorben war. Er hatte mir viel beigebracht: Er hatte mir meine ersten Gitarrenstunden gegeben. Auch meine Urgroßtante Maggie war da. Und von der Familie meines Vaters sah ich meinen Großvater … Jeder kümmerte sich auf eine besondere Weise um mich, sie behielten mich im Auge. Sie wollten nicht, dass ich weiterging. Mir wurde mitgeteilt – besser lässt es sich wohl nicht ausdrücken, denn sie redeten nicht mit mir, wie ich jetzt mit Ihnen [dem Interviewer] spreche –, wenn ich weiter in das Licht hineinginge, könnte etwas geschehen, das mich daran hindern würde zurückzukehren. Denn dann wäre ich zu weit gegangen, und die Verbindung würde irgendwie abreißen. Deshalb ließen sie mich nicht weitergehen. Ich wollte mit dem ‚Licht' verschmelzen, doch ich wollte mir auch den Rückweg offenhalten. Ich musste doch noch für meine Kinder sorgen. Ich hatte einen Überblick, eine allgemeine Vorstellung von allem, aber ich sah keine Details, dafür ging es zu schnell. Mir wurden Spuren eines Wissens zuteil … Ich fragte, ob das Licht Gott sei, und die Antwort lautete: ‚Nein, das Licht ist nicht Gott, das Licht erscheint, wenn Gott atmet.' Und ich erinnere mich ganz genau daran, dass ich dachte: Ich stehe im Atem Gottes …

Irgendwann wurde ich daran erinnert, dass es Zeit sei, zurückzukehren. Ich hatte mich natürlich für die Rückkehr schon entschieden, bevor ich auf dem Operationstisch lag. Aber wissen Sie, je länger ich mich dort aufhielt, desto besser gefiel es mir dort. Meine Großmutter begleitete mich weder durch den Tunnel noch schickte sie mich zurück. Sie schaute mich nur an. Ich dachte, sie würde mich begleiten. Aber es war mein Onkel, der mich wieder hinab und zurück zu meinem Körper brachte. Als ich wieder zu der Stelle kam, an der mein Körper lag, sah ich dieses Ding und wollte wirklich nicht mehr zurück. Denn er sah wirklich so aus, wie er war: leblos. Ich glaube, er war ganz zugedeckt. Er machte mir Angst, und ich wollte ihn nicht ansehen. Ich wusste, es würde wehtun, deshalb wollte ich wirklich nicht mehr zurück. Aber mein Onkel versuchte weiterhin, mich zu überreden. Er sagte: ‚Du musst nicht eintauchen, spring einfach, wie im Schwimmbad.' Und: ‚Denk an deine Kinder.' Und ich sagte: ‚Diesen Kindern geht es doch gut.' Und er antwortete: ‚Schätzchen, du musst wirklich zurück.' Und dann gab er mir einen Schubs, er half ein bisschen nach. Es hat lange gedauert, aber ich glaube, jetzt bin ich bereit, ihm doch zu verzeihen [sie lacht]. Ich sah, wie der Körper in die Höhe schnellte. In dem Moment schubste er mich und ich spürte, wie ich innerlich vor Kälte erstarrte. Ich kehrte in meinen Körper zurück, und das fühlte sich an, als tauchte ich in Eiswasser. Es tat so weh. Als ich wieder in meinem Körper war und noch im Operationssaal in der Narkose lag, spielten sie dort ‚Hotel California'. Und es wurde gerade die Zeile gesungen: ‚You can check out any time you like, but you can never leave.'

Als ich aus der Narkose erwachte, war ich noch immer an das Beatmungsgerät angeschlossen. Ein paar Tage später sagte ich zu Dr. Brown, dass ich es ziemlich gefühllos von ihm fand, in einem solchen Moment diese Musik zu spielen. Er erwiderte nur, ich bräuchte mehr Schlaf … Ich glaube, der Tod ist eine Illusion. Ich glaube, der Tod ist wirklich eine ganz gemeine Lüge."[77]

Soweit ein Auszug aus dem Bericht von Pamela Reynolds. Ihr umfangreiches und sehr detailliertes Nahtoderlebnis zeigt viele der klassischen Elemente und wäre eigentlich ganz normal, wenn nicht die Operationsbedingungen, auf die ich noch näher eingehen werde, so extrem besonders gewesen wären. Wichtig und hervorzuheben ist, dass sie viele und genaue Beobachtungen zum Operationsablauf machte, auch während der „harten" Phase des Eingriffs. Dazu kommt, dass sie die Ereignisse im Operationssaal von einem besonderen Standort aus beobachtete, nämlich von der Höhe der

Schulter des Operateurs. Also keinesfalls aus der Sicht des liegenden Körpers. Auch hier der Hinweis auf ein Medium, das aus dem physischen Körper ausgetreten war.

Die hier ausführlich dargestellten Berichte zeigen, dass es offensichtlich möglich sein kann, im Nahtodbereich Ereignisse wahrzunehmen, die nicht an die Position des eigenen physischen Körpers gebunden sind. Daraus entsteht wieder die Schlussfolgerung, dass sie wohl von einem eigenen Medium erlebt werden, das aus dem physischen Körper austritt.

Sind die Berichte glaubwürdig?

Nun kommen wir zum harten Kern in der Beurteilung der Glaubwürdigkeit von Nahtoderfahrungen: Entsprechen die Wahrnehmungen während der Außerkörperlichkeit tatsächlich der Wirklichkeit? Kann tatsächlich vermutet werden, dass ein spezielles Medium aus unserem Körper austritt und dann diese Erlebnisse hat? Sind es also Sinneseindrücke von real existierenden Situationen? Dies wäre für viele Menschen eine wichtige Voraussetzung, um darauf eine tragende Vision über das Sterben aufbauen zu können. Also: Sind die Berichte wirklich so stark, verlässlich und aussagefähig, dass sie uns helfen, Angst abzubauen? Dass wir uns trauen können, sie zu verinnerlichen?

Um dies zu klären, muss man die Berichte über außerkörperliche Erlebnisse genauer analysieren. Das absolut Wichtige dabei ist, ob eine Kontrolle der Erzählungen erfolgte. Konnten die gesehenen Dinge und erlebten Situationen durch reale Tatsachen bestätigt werden? Wenn ja, wurde die Überprüfung nicht nur von den Betroffenen selbst, sondern darüber hinaus auch noch durch unbeteiligte Dritte durchgeführt? Solche Anforderungen zu stellen, ist der einzige Weg, um etwas über deren Glaubwürdigkeit aussagen zu können. Wohl wissend, dass sie in diesem speziellen Umfeld außerordentlich schwer zu erfüllen sind. Gibt es solche Überprüfungen?

Ja, es gibt sie, diese von Dritten bestätigten Wahrnehmungen, und ich beginne mit der weiteren Darstellung von Pamela Reynolds' außerordentlichen Erlebnissen.

Der Operateur von Pamela Reynolds, Dr. Spetzler, wurde mit ihren Erzählungen konfrontiert. Er kommentiert: „Ich glaube nicht, dass ihre Wahrnehmungen auf dem beruhten, was sie gesehen hatte, als sie in den Operationssaal kam. Ich fand, dass Pamelas Beobachtungen während ihrer Operation ganz genau dem entsprachen, was damals geschehen war. Sie hatte die Knochensäge, mit der wir ihren Schädel öffneten, gesehen. Sie hat wirklich Ähnlichkeit mit einer elektrischen Zahnbürste. Das hatte sie einfach nicht sehen können! Auch den Bohrer nicht, die Instrumente, all diese Dinge waren abgedeckt. Sie waren nicht sichtbar, sie waren noch verpackt. Man packt sie erst aus, wenn der Patient vollkommen anästhesiert ist; so gewährleistet man möglichst lange eine sterile Umgebung. Und dass sie das Gespräch zwischen mir und der Gefäßchirurgin so genau gehört hat … Unbegreiflich … In dieser Phase der Operation kann kein Patient etwas sehen oder hören. Und … ich kann mir nicht vorstellen, dass ein normales Gehör etwas wahrgenommen hat, schon wegen der Impulsgeneratoren, die in ihren Ohren steckten. Es gab überhaupt keine Möglichkeit, über die normalen Hörkanäle etwas zu registrieren."[78]

Ebenfalls sehr wichtig ist die medizinische Beurteilung des Zustandes, in dem sich Pamela während der Operation befand.[79] Ihr Körper war auf +15 Grad Celsius abgesenkt, sie war an eine Herz-Lungen-Maschine angeschlossen, weil ihr Herz kältebedingt stehen blieb. Das Gehirn war vollständig blutleer und damit funktionsunfähig. Die Aktivität der Hirnrinde wurde dabei durch ein EEG gemessen, diejenige des Hirnstamms durch Impulsgeneratoren. Die Kriterien für einen Hirntod waren damit erfüllt.

Zwei ganz besondere Dinge an Pams Erlebnissen sind für die Beurteilung ihrer Glaubwürdigkeit von sehr großer Bedeutung. Erstens, dass eine Bestätigung eines kompetenten Dritten, das heißt des Operateurs und ausgewiesenen Gehirnspezialisten selbst, vorliegt. Pamela war laut seiner Aussage nicht in der Lage, während ihrer Operation irgendetwas wahrzunehmen. Damit ergibt sich eine Übereinstimmung des Zeitpunkts von Pamelas vollkommener Anästhesie und den von ihr empfundenen Nahtoderlebnissen. Die realitätsgetreue und sehr genaue Wiedergabe von Details aus dem „harten" Operationsablauf kann somit nicht aus den Erinnerungen des physischen Körpers vor der Operation stammen. Zweitens beschreibt der Operateur ganz klar, dass ihr Gehirn zum Zeitpunkt der Nahtoderlebnisse nicht mehr funktionsfähig war. Aus seiner medizinischen Sicht war sie nicht nur bewusstlos, sondern tatsächlich hirntot. Und genau in diesem Zustand schließen, wie beispielsweise bei Engmann ausgeführt, viele Kritiker jegliche Wahrnehmungsmöglichkeit, auch die von Nahtoderlebnissen, aus, weil hirntot normalerweise ganz tot bedeutet und folglich gar nichts mehr abläuft. Pamela hatte aber zur Zeit ihres künstlich erzeugten Hirntodes diese besonderen Wahrnehmungen. Wer, so frage ich mich, erlebt dann, wenn das Gehirn eigentlich tot ist?

Über die Beschreibung von Teilen des Operationsablaufs hinaus hatte sie weitere Erlebnisse wie die Bewegung in einem Tunnel, den Kontakt mit verstorbenen Angehörigen und schließlich die Rückkehr in ihren noch kalten Körper. Obwohl sie zum Zeitpunkt ihrer Erlebnisse hirntot war, beschreibt sie ihre Wahrnehmungen in der Ich-Form. Ihre Ich-Identität blieb also erhalten. Somit spricht auch dieser Bericht sehr für die Existenz eines Mediums, das aus dem Körper austritt.

Es ist aus der umfangreichen Beschreibung leicht zu erkennen, dass Pamelas Nahtoderlebnis wirklich eine ganz besondere Bedeutung aufweist, weil es durch glückliche Umstände sehr gut dokumentiert und überprüft wurde, beispielsweise durch den Nahtodforscher Michael Sabom. Nach der Meinung des Nahtodforschers Bernard Jakoby sind daher Pamelas Schilderungen außerordentlich glaubhaft, weil ihre außerkörperlichen Erfahrungen unter medizinisch genau dokumentierten Abläufen stattgefunden haben, und er bezeichnet die Richtigkeit der Wahrnehmungen als nicht anzweifelbar. Für ihn ist Pamelas Nahtoderfahrung geradezu „wasserdicht".[80] Auch der Kardiologe und Nahtodforscher Pim van Lommel ist sich der Bedeutung von Pamelas Erzählungen bewusst und vertritt die gleiche Auffassung wie Jakoby.[81]

Was will man mehr? Das Beispiel zeigt, dass umfangreiche außerkörperliche Wahrnehmungen tatsächlich existieren, verbunden mit dem Erhalt des eigenen Ichs. Welch ein großer und wichtiger Schritt zur weiteren Bestätigung ihrer Glaubwürdigkeit!

Ich möchte nicht verschweigen, dass es von Nahtodkritikern auch Stimmen gibt, die Dr. Spetzlers Dokumentationen und Pamela Reynolds' Schilderungen in ihrer Glaubwürdigkeit völlig ablehnen. Ihre dazu vorgetragenen Argumente sind jedoch sehr viel allgemeiner und unpräziser gehalten als die vielfach überprüften und detaillierten Ausführungen von Robert Spetzler. Die negativen Stellungnahmen ähneln sehr den schon angeführten kritischen Meinungen aus Medizin und Psychologie. Aus diesem Grund gehe ich auf diese Stimmen zum Fall Pamela Reynolds nicht näher ein.

Zur weiteren Überprüfung der Glaubwürdigkeit von Nahtoderlebnissen und außerkörperlichen Erfahrungen möchte ich noch einmal auf den anderen, oben bereits angeführten Fall des amerikanischen Soldaten eingehen. Michael Sabom hatte ihn während seiner umfangreichen Nahtodrecherchen aufgesucht und musste zugeben, dass eine Nachprüfung der damals erlebten Details zu diesem späten Zeitpunkt nicht mehr exakt möglich war. Jedoch trug der ehemalige Soldat eine Armprothese und es war eine Narbe an seiner Oberschenkelvene feststellbar, genau dort, wo die Konservierungsflüssigkeit eingespritzt werden sollte.[82] Eine gewisse Glaubwürdigkeit seiner Erzählungen war damit gegeben, auch wenn sie natürlich nicht sehr hoch ist.

Ich möchte nochmals hervorheben, dass sich aus den angeführten Berichten eine außerordentlich starke Vermutung auf ein eigenes Medium ableiten lässt, welches aus dem menschlichen Körper austreten kann. Für mich ist dies eine bedeutende Grundsatzfeststellung. Die höchste Glaubwürdigkeit ordne ich dabei dem Bericht von Pamela Reynolds und seiner Überprüfung durch die Experten Robert Spetzler und Michael Sabom zu, weil er noch einen wichtigen Schritt weitergeht als der grundlegende Bericht von Eben

Alexander. Alexander weist zwar deutlich darauf hin, dass sein Gehirn aus medizinischen Gründen nicht in der Lage war, irgendetwas wahrzunehmen. Dies wurde wohl auch durch verschiedene Datenkontrollen objektiv nachvollzogen. Er schilderte jedoch keine überprüfbaren Wahrnehmungen beispielsweise von seinem Krankenhausaufenthalt. Seine außerkörperlichen Erlebnisse fanden allesamt in einer anderen, eher spirituellen Welt statt und entziehen sich somit jeglicher Kontrolle. Es verbleibt nur die medizinische Beurteilung, dass Alexanders Gehirn zum Zeitpunkt seiner Wahrnehmungen nicht funktionsfähig war, wogegen Pamela Reynolds' Zustand klar als vollkommen hirntot eingestuft wurde.

Ich habe versucht, die Glaubwürdigkeit von außerkörperlichen Wahrnehmungen anhand von dokumentierten Einzelbeispielen darzustellen. Demgegenüber existieren andere Quellen, zum Beispiel statistische Auswertungen. Sie sind in aller Regel trockener und abstrakter, können jedoch ebenfalls bedeutungsvolle Aussagen ermöglichen. Im *Handbook of Near-Death Experiences* erschien im Jahr 2009 eine Arbeit von Janice Miner Holden, der Herausgeberin des *Journal of Near-Death Studies* und Professorin für Counseling an der University of North Texas. Sie analysierte Nahtodberichte in bereits veröffentlichten Forschungsarbeiten und kontrollierte, inwieweit die darin beschriebenen Wahrnehmungen einer Überprüfung unterzogen wurden.[83] Ob sie also glaubwürdig waren. Ihre Analyse umfasste insgesamt 93 qualifizierte Berichte. Bei 43 % davon wurden die Wahrnehmungen nicht nur durch den Forscher selbst, sondern zusätzlich durch unabhängige Dritte überprüft und bestätigt. Weitere 43 % schienen sehr glaubwürdig in ihren Schilderungen zu sein. Die Betroffenen dieser Gruppe gaben an, dass ihre Erlebnisse damals von unabhängigen Dritten, beispielsweise dem ärztlichen Personal, überprüft und für richtig erachtet worden wären. Eine zusätzliche Kontrolle fand jedoch nicht statt. Nur bei den restlichen 14 % wurden die Ereignisse allein durch den Forscher bestätigt.

Insgesamt ist das Analyseergebnis von Janice Miner Holden bemerkenswert. Die während der Außerkörperlichkeit erlebten Wahrnehmungen stellten sich bei den Kontrollen zu 92,5 % als völlig richtig heraus. Bei weiteren 6,5 % ließen sich nur einige wenige Irrtümer feststellen und nur 1 % war völlig falsch. Auch durch diese Analyse gelingt eine Bestätigung ihrer Glaubwürdigkeit!

Die statistischen Auswertungen unterstützen meine Meinung deutlich: Es gibt dieses Medium, das nach seiner Loslösung vom Körper eigenständig erlebt.

Ein ganz entscheidender Punkt dabei ist die Selbständigkeit des Mediums. Es arbeitet nicht auf Befehl, sondern schwebt, fliegt irgendwohin und beobachtet, empfängt, verarbeitet, speichert und sendet Informationen. Völlig eigenständig. Es verfügt damit über eine eigene Identität und vielleicht sogar ein eigenes Bewusstsein.

In der Tat wird mit dieser Feststellung, die natürlich ganz generell einen hypothetischen Charakter besitzt, die Tür für unser spirituelles Selbstverständnis geöffnet. Mit überprüften außerkörperlichen Erlebnissen und einem Medium, das außerhalb des Körpers erlebt. Zweifellos ergibt sich dadurch ein großer Schritt, geradezu ein Sprung zum Aufbau einer tragenden Vision über Sterben und Tod. Und es wird die Basis gelegt zur nächsten, besonders wichtigen Frage. Welches Medium ist es nun, das sich aus dem Körper herauslöst?

Die Antwort ist für mich einfach und kurz: Moody bezeichnet es als den spirituellen Leib, ich nenne es die Seele.

Aus meiner Sicht erlebt also unsere Seele diese besonderen Wahrnehmungen im Nahtodbereich. Diese Bezeichnung liegt für mich nicht nur auf der Hand, sondern passt auch völlig zu meinen späteren Ausführungen im Bereich der Reinkarnation. Es ist also nicht irgendein unbekanntes Medium, das aus unserem Körper austritt, nein, es ist die Seele. Unsere Seele! Eine Festlegung, die einen ermutigenden und gleichzeitig beruhigenden Charakter hat. Beruhigend deshalb, weil uns der Begriff der Seele bekannt und vertraut ist, auch wenn wir sie nicht fassen können. Sie ist in uns, bei uns und verlässt uns, wann sie es will, und kommt nur im echten Tod nicht mehr in den Körper zurück. Aber auch dann hat sie etwas mit uns zu tun.

Mit dieser Auffassung befinden wir uns mitten in tradierten Vorstellungen und Bildern von Religion, Spiritualität und Mystik. Dort wird viel über die Seele geredet, allerdings meist nicht so konkret beschrieben wie hier. Aus den Überlegungen zu ihrer Eigenständigkeit ergibt sich für mich auch die Folgerung, dass ein Mensch aus zwei Teilen besteht, nämlich seinem Körper und seiner Seele.

Und mit dieser unserer Seele können wir uns tatsächlich heimisch und wohlfühlen. Es handelt sich ja schließlich um die eigene Seele, einen Teil des eigenen Selbst. Möglicherweise kennt die Seele den Menschen sogar besser als umgekehrt. Wenn nun diese Seele aus dem Körper austritt, bleibt sie genau unser eigenes Selbst. Nichts Neues, Unbekanntes! Die Ich-Identität verändert sich – wie schon in den Nahtoderlebnissen beschrieben – nicht. Man kann ihr also wirklich vertrauen, der eigenen Seele. Eigentlich eine sehr schöne Vorstellung, oder?

Für meinen sterbenden Sohn waren die Beschreibungen über außerkörperliche Erlebnisse mit ihrer Glaubwürdigkeit außerordentlich hilfreich. Er begriff, dass es nur sein kranker und lebloser Körper war, der auf dem Friedhof begraben werden würde. Seine Seele als Teil von ihm würde jedoch bestehen bleiben. Seine unverwechselbare eigene Seele, seine Identität. Sie würde nicht verschwinden, sondern weiterleben. Und auch er als Matthias. Irgendwo, nur nicht mehr sichtbar für seine Familie. Diese Vorstellung gab ihm im Sterben große Ruhe. Er blieb, das war für ihn wichtig.

Es gibt noch eine zusätzliche, sehr aufschlussreiche Quelle, aus der Aussagen über die Glaubwürdigkeit von Nahtoderfahrungen abzuleiten sind. Im Zentrum dieser Arbeiten steht, wie eingangs erwähnt, eine in den Berichten Betroffener eher selten aufzufindende Bemerkung. Es geht um die offenbar sehr hohe Geschwindigkeit, die beim Durchqueren eines Tunnels oder einer Röhre empfunden wird. Oft wird sogar von einer gefühlten Lichtgeschwindigkeit berichtet. Kenneth Ring erwähnt in einem seiner Forschungsberichte einen Mann, der über seine Nahtoderfahrung erzählte. Dieser hatte das Gefühl, sich mit Lichtgeschwindigkeit durch ein Dunkel fortzubewegen. In der Ferne bemerkte er einen immer größer werdenden Lichtpunkt, den er als sein Ziel empfand.[84]

Sabom dokumentierte viele ähnliche Wahrnehmungen und bestätigt, dass aus seiner Sicht die außerordentlich große Geschwindigkeit, mit der man sich auf das Licht zubewegt, ein ganz besonderes Merkmal von Nahtoderlebnissen darstellt. Sie ermöglicht allerdings viel wichtigere Beurteilungen der Glaubwürdigkeit von Nahtoderlebnissen, als man bei oberflächlicher Betrachtung vermuten möchte. Hinweise dazu kommen aus einer ganz anderen Richtung als die bisher verwendeten Forschungsberichte. Ich stelle sie daher etwas umfangreicher dar.

Beginnen möchte ich mit einem Bericht des bekannten Psychologen C. G. Jung, der während eines Herzinfarkts im Jahr 1944 ein intensives und langes Nahtoderlebnis hatte, verbunden mit einer außerkörperlichen Erfahrung. Er trat aus dem physischen Körper aus und empfand dabei, dass er sich offenbar mit einer extrem hohen Geschwindigkeit bewegte. Auch in diesem hier nur in Auszügen dargestellten Beispiel bleibt die Ich-Identität des Betroffenen völlig erhalten. „Es schien mir, als befände ich mich hoch oben im Weltraum. Weit unter mir sah ich die Weltkugel in herrlich blaues Licht getaucht. Ich sah das tiefblaue Meer und die Kontinente. Tief unter meinen Füßen lag Ceylon und vor mir lag der Subkontinent von Indien. Mein Blickfeld umfasste nicht die ganze Erde, aber ihre Kugelgestalt war deutlich erkennbar, und ihre Konturen schimmerten silbern durch das wunderbare blaue Licht. An manchen Stellen schien die Erdkugel farbig oder dunkelgrün gefleckt wie oxidiertes Silber. ‚Links' lag in der Ferne eine weite Ausdehnung – die rotgelbe Wüste Arabiens. Es war, wie wenn dort das Silber der Erde eine rotgelbe Tönung angenommen hätte. Dann kam das Rote Meer, und ganz weit hinten, gleichsam ‚links oben', konnte ich gerade noch einen Zipfel des Mittelmeers erblicken. Mein Blick war vor allem dorthin gerichtet. Alles andere erschien nur undeutlich. Zwar sah ich auch die Schneeberge des Himalaya, aber dort war es dunstig oder wolkig. Nach ‚rechts' blickte ich nicht. Ich wusste, dass ich im Begriff war, von der Erde wegzugehen. Später habe ich mich erkundigt, wie hoch im Raume man sich befinden müsse, um einen Blick von solcher Weite zu haben. Es sind etwa 1.500 km! Der Anblick der Erde aus dieser Höhe war das Herrlichste und Zauberhafteste, was ich je erlebt hatte.“[85]

Der Bericht von C. G. Jung konnte natürlich nicht überprüft werden, weder durch ihn selbst noch durch fremde Dritte. Interessant ist jedoch seine Angabe der 1.500 km Entfernung von der Erde. Aus dieser ungefähren Höhe stammen die ersten Fotos von der Erde, die Jahrzehnte später aus Weltraumkapseln und von Satelliten aufgenommen wurden. Jung erkannte beim Betrachten dieser Bilder die große Übereinstimmung mit seinen eigenen Wahrnehmungen und schloss daraus, dass er sich wohl in dieser Höhe bewegt haben musste.

Der Begriff der extrem hohen Geschwindigkeit, der „Lichtgeschwindigkeit“, bildet nun die Brücke zu einer ganz speziellen Interpretation und Analyse von außerkörperlichen Erlebnissen. Dabei geht es im Kern wieder um die zentrale Frage, ob Nahtodberichte glaubwürdig sein können. Natürlich haben die folgenden Erklärungsversuche wieder den Charakter von Hypothesen. Erstaunlicherweise passen sie jedoch sehr gut zu vielen Berichten über Nahtoderlebnisse.

Der Physiker Markolf Niemz, Professor für Medizintechnik an der Universität Heidelberg, wurde während der Krankheit seines Schwiegervaters mit dessen Nahtoderlebnissen konfrontiert. Er beschäftigte sich daraufhin intensiv mit ihnen und versuchte zu klären, ob solche Wahrnehmungen durch physikalische Erkenntnisse und Gesetzmäßigkeiten erklärt werden können. Seine Überlegungen und Schlussfolgerungen veröffentlichte er in dem Buch *Lucy mit c*. Sie basieren auf zwei grundsätzlichen Annahmen: Erstens gibt es eine Seele, die im physischen Körper eigenständig existiert und sich von diesem lösen kann. Zweitens bewegt sie sich nach dem Verlassen des physischen Körpers mit großer Geschwindigkeit bis hin zur Lichtgeschwindigkeit.[86]

Niemz greift zur Klärung seiner Fragen auf Erkenntnisse und Gesetze der Relativitätstheorie und Quantenphysik zurück. Allerdings möchte ich seine umfangreichen Erläuterungen und Erklärungen hier nicht vollständig darstellen, sondern beschränke mich auf einige seiner zusammenfassenden Ergebnisse.

Zu Beginn gehe ich auf seine Überlegungen zum Seelenflug mit Lichtgeschwindigkeit im Tunnel und zum Licht an dessen Ende ein. Er fragt zunächst, warum für die Seele überhaupt der Eindruck eines Tunnels oder einer Röhre entsteht, durch den oder die sie gerade saust. Fliegt sie tatsächlich durch eine Art virtuellen oder mystischen Tunnel oder entsteht für die Seele nur der Eindruck, sich in einem solchen Tunnel zu bewegen?

Um eine Antwort zu finden, nimmt Niemz hier Bezug auf den „Searchlight-Effekt" aus der Relativitätstheorie. Dieser bewirkt, dass man Gegenstände oder Ziele, hier also konkret ein Licht, umso heller wahrnimmt, je schneller man sich auf sie zubewegt. Im Randbereich der Wahrnehmung nimmt die Helligkeit allerdings deutlich ab.

Er folgert daraus, dass eine Person, die mit Lichtgeschwindigkeit fliegt, von vorn kommende Lichtstrahlen als Bündel wahrnimmt. Dadurch würde, so Niemz, die Vision eines Tunnels entstehen, an dessen Ende ein helles Licht leuchtet. Der Searchlight-Effekt könnte damit das wichtige Tunnelerlebnis innerhalb der Nahtoderfahrungen erklären. Vorausgesetzt ist allerdings, dass die grundlegende Hypothese von Niemz richtig ist, wonach die Seele beim Verlassen des physischen Körpers auf Lichtgeschwindigkeit beschleunigt wird.[87]

Man muss sich der Bedeutung dieser Schlussfolgerung wirklich bewusst sein. In hunderten von Nahtodberichten wird dieser Tunnel beschrieben. Und alle Betroffenen hatten das intensive Gefühl, sich tatsächlich in einem solchen Tunnel zu bewegen. Und Niemz sagt nun: Nein, stimmt nicht, alles nur Physik! Damit unterstützt er aus meiner Sicht ganz deutlich zwei bisherige Aussagen: Erstens kann unsere Seele eigenständig erfahren, indem sie das Tunnelerlebnis bei hoher Geschwindigkeit selbst wahrnimmt. Und zweitens sind die entsprechenden Schilderungen in den Nahtodberichten glaubwürdig, denn die Physik bestätigt diese mögliche Wahrnehmung.

Niemz untersucht weiter, welchen Zustand oder welche Gestalt eine Seele haben müsste. Ist sie gasförmig, eine Wolke oder nur eine Schwingung? Oder etwas ganz anderes? In Nahtodberichten wird ihre Form nicht einheitlich, sondern höchst unterschiedlich beschrieben, allerdings wird dabei das Wort „schwerelos“ sehr häufig benutzt. Trotz des Gefühls einer solchen Schwerelosigkeit kann für den Betroffenen der Eindruck einer vollkommenen menschlichen Gestalt entstehen. Aus irdischer Sicht ist das zwar unerklärlich, aber für den spirituellen Leib beziehungsweise die Seele scheint dies möglich zu sein.

Niemz geht auch hier wieder von seiner Grundannahme für die Seele aus, nämlich ihrer Bewegung mit Lichtgeschwindigkeit. Sind also die Berichte über ihre Schwerelosigkeit glaubwürdig?

Er legt seiner Erklärung die relativistische Massezunahme zugrunde, die besagt, dass Materie immer schwerer wird, je schneller sie sich bewegt. Bei Lichtgeschwindigkeit wäre daher jegliche Masse unendlich schwer. Also keine guten Bewegungsmöglichkeiten für eine Seele, wenn sie etwas wiegen würde. Niemz kommt für eine Seele, die mit Lichtgeschwindigkeit umherfliegt, daher zu dem logischen Schluss, dass sie masselos sein muss. Denn anders könnte sie das Jenseits nicht erreichen. Entsprechend wäre ihr dann auch diese Welt nicht zugänglich.[88] Als Konsequenz daraus bleibt für die Frage, welche Gestalt eine Seele haben kann, nicht viel übrig. Ein kleines und schwereloses Proton? Oder wieder nur eine Schwingung? Oder vielleicht doch etwas ganz anderes?

Niemz prüft noch weitere Aussagen zu Nahtoderlebnissen und fragt, ob sie aus seiner Sicht unter der Annahme einer Lichtgeschwindigkeit physikalisch erklärbar sind. Auf eine seiner Überlegungen möchte ich noch eingehen.

In sehr vielen Beschreibungen von außerkörperlichen Zuständen wird hervorgehoben, dass sich die Seele blitzschnell von einem Ort zum anderen bewegen kann. Einige Betroffene erzählen, dass sie sich während ihrer Außerkörperlichkeit zu einem Ort „hingedacht“ haben. Und schwupp, waren sie dort. Ohne das Gefühl, Zeit für diese Reise gebraucht zu haben. Sehr deutlich formuliert ein Betroffener dieses fehlende Zeitgefühl in seinem Bericht. Er beschreibt, dass für ihn in dieser Situation weder Zeit noch Entfernung existierten. Er hatte die Empfindung, gleichzeitig überall zu sein. Richtete er seine Aufmerksamkeit auf etwas Besonderes, war er sofort an diesem Ort.[89] Basis für solche Erlebnisse ist offensichtlich die extrem hohe Geschwindigkeit in der Bewegung.

Niemz benutzt den Sachverhalt der Längenkontraktion – auch Lorentzkontraktion genannt – aus der speziellen Relativitätstheorie. Sie besagt ganz grob formuliert, dass die Entfernung zu einem Objekt immer kürzer wird, je schneller man sich darauf zubewegt. Er kommt zu der Schlussfolgerung, dass bei Lichtgeschwindigkeit alle in Flugrichtung gemessenen Entfernungen zu einem Objekt auf den Wert null zusammenschrumpfen. Das bedeutet, dass es für die Seele bei dieser Geschwindigkeit keine Entfernungen mehr gibt. Alles ist sofort erreichbar. Überall, wo sie sich hindenkt, kann sie sofort sein.[90]

Die oben präsentierten Berichte über außerkörperliche Wahrnehmungen zeigen genau diese Erlebnisse, die damit möglicherweise physikalisch erklärbar werden. Das Besondere daran ist jedoch, dass die Seele sich in ihrer erhaltenen Ich-Identität bewegt, dabei die Auswirkungen der physikalischen Gesetze selbst spürt und sie später entsprechend beschreiben kann.

Meine anfangs gestellte und zentrale Ausgangsfrage in diesem Buch lautete: Sind Berichte über Nahtoderlebnisse glaubwürdig oder nicht? Wenn ich nun die in diesem Kapitel insgesamt dargestellten Argumente bewerte, gilt für mich ganz klar: Ja, sie sind außerordentlich glaubwürdig!

Unsere Seele

Ganz bewusst habe ich das Medium, welches aus unserem Körper heraustreten kann, als Seele bezeichnet. Seit tausenden von Jahren versuchen Menschen, sich ihrer Existenz, ihrem Wesen und Inhalt zu nähern. Ein schwieriges Unterfangen, denn man kann sie bekanntlich nicht sehen, hören, fühlen, riechen oder schmecken. Die Vermutung des Besonderen, ja vielleicht auch Mystischen im Inneren des Menschen war schon immer Antrieb, um etwas Entsprechendes zu suchen und zu beschreiben.

Gibt es über Charakter und Inhalt der Seele einheitliche Aussagen? Nein, überhaupt nicht. Aus den vielen Deutungsversuchen möchte ich einige nachfolgend kurz umreißen.

Für Platon ist die Seele ohne Materie und unsterblich. Sie besteht demnach unabhängig vom menschlichen Körper, ist also schon vor der Geburt vorhanden. Seiner Auffassung nach besteht sie aus drei Teilen, einem vernünftigen (im Gehirn), einem triebhaft begehrenden (im Unterleib) und einem tatkräftigen, muthaften (in der Brust). Das Leben eines Menschen wird nach Platon durch das stark konfliktreiche Zusammenspiel dieser drei Seelenteile bestimmt.

Dagegen beschreibt der Kirchenschriftsteller Tertullian, der als erster eine lateinische Bibel verfasste, die Seele als materiell und unsterblich. Sie ist nach seiner Ansicht eine Einheit ohne jegliche Aufteilung. Ihre Gestalt ähnelt der des menschlichen Körpers.

Gegen die Auffassung von Platon wandte sich Aristoteles. Er meint, dass sich die Seele nicht vom Körper loslösen und unabhängig von diesem existieren kann. Der Tod des Menschen ist daher auch das Ende seiner Seele. Aristoteles entwirft ein sehr komplexes Seelenmodell mit ihren unterschiedlichen Tätigkeiten und Aufgaben. Ihre Basisfunktion besteht darin, den Körper physisch zusammenzuhalten.

Das Christentum setzte sich schon sehr früh mit der griechischen Philosophie auseinander. Um für seine Lehre den Begriff der Seele richtig zu fassen, konnte es auf die unterschiedlichen Ansätze von Platon und Aristoteles zurückgreifen. Auch existierten die Seelenauffassungen aus den hebräischen Ausgangsschriften und zusätzlich musste der Auferstehungsgedanke eingebunden werden. Im Laufe der Zeit entstanden im Christentum verschiedene Interpretationen des Seelenbegriffs. Nach neuerer Auffassung existiert im Christentum die Seele unabhängig vom Körper und ist unsterblich. Körper und Seele bestehen in einem Dualismus nebeneinander.

Dieser traditionellen, dualistischen Auffassung schließe ich mich im Grundsatz an. Die Seele ist das Zentrum unseres Selbst, unserer Ich-Identität, und Teil eines größeren Zusammenhangs. Und genau diese Seele empfindet aus meiner Sicht die Erlebnisse im Nahtodbereich. Darüber hinaus passen, wie schon erwähnt, die an späterer Stelle in diesem Buch dargestellten Ergebnisse der Reinkarnationsforschung mit diesem Seelenbegriff zusammen.

Der Nahtodforscher Pim van Lommel ist ganz deutlich anderer Auffassung. Er benutzt den Begriff „Seele" nicht im Zusammenhang mit Nahtoderlebnissen, sondern spricht dafür von „Bewusstsein".[91] Neueste Erkenntnisse der Quantenphysik interpretiert er so, dass unser menschliches Bewusstsein, das Wachbewusstsein, nur ein Teil eines außerhalb vom Körper bestehenden großen, endlosen Bewusstseins ist. Dieses endlose, nicht-lokale Bewusstsein verfügt über alle überhaupt möglichen Wissensinhalte. Es ist seiner Ansicht nach so groß, dass es eher als allumfassendes, göttliches Bewusstsein bezeichnet werden könnte. Bei einem Nahtoderlebnis oder einer sonstigen außerkörperlichen Erfahrung wird sozusagen „nur" die Bewusstseinsebene gewechselt. Und in diesem endlosen Bewusstsein sind alle Erlebnisse, auch Nahtoderlebnisse möglich. Im Modell von van Lommel beziehungsweise in entsprechenden Arbeiten der Quantenphysik gibt es also keine vom Körper losgelöste Seele, sondern nur physikalisch hochkomplexe und natürlich hypothetische Zusammenhänge.

Ich bin überhaupt kein Gegner der Quantenphysik, ganz im Gegenteil. Die Vorstellung aber, dass der Mensch eine eigene, vom physischen Körper getrennte Seele besitzt, ist jedoch für mich wesentlich schlüssiger.

Warum halte ich an dieser traditionellen, dualen Trennung von Körper und Seele fest?

In vielen Berichten über Nahtoderlebnisse wird das Verlassen des Körpers als wirkliches, fühlbares Ereignis beschrieben. Da heißt es zum Beispiel: „Ich spürte, dass mein Kopf sich öffnete und ich heraustrat." „Ich löste mich aus meinem Körper und begann zu schweben." „Als sich mein ‚Ich' aus meinem Körper löste ..." „Ich hatte das Gefühl, aus meinem Körper herausgezogen zu werden.“ Diese aktiven Gefühle des Herauslösens, manchmal auch als Herausschälen beschrieben, halte ich für ein wichtiges, körperlich empfundenes Ereignis. Auch in Arbeiten der Reinkarnationsforschung entsteht klar der Eindruck, dass eine Seele völlig losgelöst vom physischen Körper eigenständig empfinden kann. Das Seelenerlebnis nach dem quantenphysikalischen Ansatz auf eine Bewusstseinsverschiebung in eine andere Ebene zu reduzieren, ist mir viel zu passiv. Ich glaube wirklich an die aktive Erlebnisfähigkeit einer eigenständigen Seele. Aus diesem Grunde unterstütze ich also die duale und sehr traditionelle Auffassung.

Wenn man dieser Auffassung folgt, versteht man auch viele Überlegungen und Versuche, sie inhaltlich zu erforschen. Beispielsweise wurde von dem Arzt Duncan MacDougall die Frage diskutiert, wie stark die Körperlichkeit der Seele tatsächlich ausgeprägt ist.[92] Er meinte, dass, wenn die Seele einen wie auch immer gestalteten Körper besitzt, dieser auch ein Gewicht aufweisen müsse. Und das genau wollte er bestimmen – zu einer Zeit, in der die oben angeführten Auffassungen von Markolf Niemz noch völlig unbekannt waren. MacDougall arbeitete sechs Jahre lang mit vier weiteren Ärzten an einer aus meiner persönlichen Sicht sehr diskussionswürdigen Versuchsanordnung, mit der er das Gewicht einer Seele erkennen wollte. Seine entsprechenden Ergebnisse wurden am 11. März 1907 in der New York Times veröffentlicht.

Er integrierte in ein Krankenhauspflegebett eine Hochpräzisionswaage und belegte es mit Patienten, nachdem bei ihnen der Sterbeprozess bereits begonnen hatte. Die Versuchsanordnung hatte sicher wenig mit einem würdevollen Sterben zu tun, aber Duncan MacDougall baute sein Experiment damals so auf. Der erste Patient lag nur drei Stunden und vierzig Minuten in diesem Bett und verstarb dann. Nach dessen letztem Atemzug stellte MacDougall einen Gewichtsverlust von 21,2 Gramm fest. Rein gewichtstechnisch ist das Sterben wohl ein komplexer Vorgang. MacDougall hatte alle ihm bekannten Parameter wie beispielsweise den natürlichen Gewichtsverlust in der Agoniephase und auch den Flüssigkeitsverlust beim Ausatmen in seinen Überlegungen berücksichtigt. Aber die ermittelte Differenz von 21,2 Gramm konnte er sich überhaupt nicht erklären. Deshalb war es für ihn klar, dass eine Seele 21 Gramm wiegt.

Bei fünf weiteren Patienten, die eine ähnliche Prozedur über sich ergehen lassen mussten, waren die Messergebnisse leider nicht so eindeutig. Die Aussage, dass die Seele 21 Gramm wiegt, auf der statistischen Menge eines einzigen Patienten zu formulieren, ist natürlich extrem problematisch. Aber MacDougall hatte diesen Mut. Es ist durchaus möglich, dass bei den fünf anderen Patienten kein eindeutiger kausaler Gewichtsunterschied feststellbar war, weil es ihn ursächlich vielleicht gar nicht gibt. Trotz dieser zweifelhaften Veröffentlichung aus dem Jahr 1907 geistert immer noch durch die Nahtodliteratur, dass eine Seele 21 Gramm wiegt. Die Versuche von MacDougall inspirierten 2003 sogar zu einem Film, der dann auch den Titel *21 Grams* trug.

Ich führe dieses Gewichtsbeispiel hier nur aus dem Grund seiner Bekanntheit auf, wohl wissend, dass sein Ergebnis im deutlichen Widerspruch zu den Aussagen von Niemz steht. Letzterem ordne ich eine höhere Glaubwürdigkeit zu.

Wie eigenartig dieser und ähnliche Versuche auch immer waren, zeigen sie doch den ungebremsten Drang der Menschen, sich mit dem Mysterium der „Seele“ tiefer auseinanderzusetzen und ihre Geheimnisse zu erforschen.

Die Eigenschaften der Seele

Bereits in den Originalzitaten der Nahtodberichte war zu erkennen, dass unsere Seele etwas ganz Besonderes ist. Vor allem in den Beschreibungen über außerkörperliche Wahrnehmungen wurden vereinzelt bestimmte Eigenschaften erwähnt. Aus einer Gesamtschau dieser Zitate möchte ich nun die wichtigsten Eigenschaften zusammenfassen, um damit die Großartigkeit unserer Seele zu würdigen.

Sie ist tatsächlich ein völlig andersartiges Medium als unser physischer Körper. Sie ist ihm in vielen Dingen haushoch überlegen, ja fast omnipotent. Die zurückgekehrten Menschen berichten darüber oft geradezu euphorisch. Zu was sie alles fähig ist, unsere Seele!

Die meisten Interviewpartner des Nahtodforschers Raymond Moody erzählten, dass sie sich nach der Loslösung aus ihrem physischen Körper in einer anderen Art von Körper wiedergefunden und diesen auch gefühlt hätten. Ihn jedoch genau zu beschreiben, fiel den Betroffenen sichtbar schwer. Allerdings lag die Schwierigkeit eines genauen Ausdrucks nicht bei ihnen, sondern eher in der Unangemessenheit der menschlichen Sprache. Sie bietet offenbar keine Worte, welche die Großartigkeit der Seele zutreffend beschreiben können. Moody bezeichnet sie deshalb sehr reduziert und nur näherungsweise als „spirituellen Leib".

Dieser als neu empfundene Körper wird somit nur rudimentär und mit unterschiedlichen Begriffen geschildert, obwohl damit eigentlich immer das Gleiche gemeint ist. Er ist ein „Nebel", „Rauch", „Dunst", „Rauchfaden", „Kraftfeld", eine „Wolke", „Farbenwolke", „Schwingung" oder auch nur „Welle". Also sehr vielfältig und vielschichtig. In der Tat schlecht vergleichbar mit einem irdischen Körper. Eine Frau beschreibt ihn sehr treffend. Sie erlebte die Außerkörperlichkeit während eines schweren Verkehrsunfalls: „Von da an hatte ich dann auf einmal überhaupt kein Gefühl für Zeit mehr, und auch meine körperliche Realität ging verloren – die Verbindung zu meinem Körper riss ab. Mein ‚Ich' oder mein ‚Selbst' oder mein ‚Geist', egal wie man das immer nennen mag, löste sich von mir, ich fühlte es sozusagen durch meinen Kopf nach oben steigen. Es war nicht so, dass es mir weh getan hätte, es bewegte sich bloß irgendwie nach oben und befand sich dann über mir … Mir schien es fast, als hätte mein ‚Ich' eine gewisse *Dichte*, aber keine Dichte im physikalischen Sinn, sondern eher in der Art von Wellen, glaube ich. Es hatte nichts Stoffliches an sich. Vielleicht könnte man es auch eine elektrische Ladung nennen, oder so etwas in der Art. Aber ich konnte spüren, dass da schon etwas war …"[93]

Auch wenn der neue, spirituelle Körper etwa einer Welle oder einem Kraftfeld gleicht, kann er manchmal für den Betroffenen einen Eindruck vermitteln, der einem physischen Körper sehr ähnlich ist. Sogar Gliedmaßen werden erkannt und gespürt. Dabei fehlen aber jegliche Einschränkungen des bisherigen irdischen Lebens, wie es schon bei den Empfindungen blinder Menschen beschrieben wurde. Keine Schmerzen mehr, alle Gliedmaßen vorhanden und die Körperfunktionen werden als vollständig erlebt.

Die Seele fühlt sich nicht nur anders als der physische Körper an, sie besitzt auch völlig andersartige Fähigkeiten. So ist sie durchsichtig und auch nicht sichtbar. In vielen Berichten wird auf diese Eigenschaft sehr deutlich hingewiesen. Es kann sein, dass die Seele sich mit ihrem spirituellen Körper zum Beispiel direkt neben ihrem physischen Körper im Operationssaal befindet. Das Operationspersonal kann die Seele jedoch nicht sehen und sogar durch sie hindurchgehen, ohne sie zu bemerken oder zu spüren.

Aus dem oben geschilderten Bericht des amerikanischen Soldaten ist deutlich zu erkennen, dass unsere Seele wohl auch nicht die Möglichkeit besitzt, physikalisch messbare Kraft auszuüben. Ein weiterer Bericht bei Moody weist ebenfalls auf diese besondere Eigenschaft hin. Ein Betroffener erzählt, dass er während seiner Nahtoderfahrung versucht habe, die Hände der Ärzte und Krankenschwestern wegzuschieben, die während der Reanimationsversuche auf seinen Körper trommelten. Er wollte unbedingt von ihnen in Ruhe gelassen werden und strengte sich sehr an, ihre Hände wegzudrücken. Trotz seiner großen Bemühungen geschah jedoch überhaupt nichts. Die Hände blieben dort, wo sie waren, obwohl er eigentlich einen Kontakt zu ihnen gespürt hatte.[94] Mit dem neuen, spirituellen Leib richtig Kraft auszuüben, funktioniert wohl nicht.

Es gibt allerdings noch andere wichtige Eigenschaften, die unserer Seele im Vergleich zu ihrem physischen Körper offenbar fehlen. Sie kann sich, auch wenn sie es intensiv versucht, nicht mit anderen Menschen verständigen. Eigentlich ist diese fehlende und oft nicht sehr positiv bewertete Eigenschaft erstaunlich, denn sie verfügt ja über viele andere und umfassendere Fähigkeiten als ein physischer Körper. In einigen Berichten ist sogar zu erkennen, dass die Unfähigkeit, beispielsweise Kontakt mit trauernden Angehörigen aufzunehmen, von der Seele als enorm belastend empfunden wird.

Doch hören kann die Seele schon. Und zwar sehr deutlich. Die Art des Hörens wird in den Berichten aber als nicht vergleichbar mit der akustischen Wahrnehmung im menschlichen Gehirn beschrieben. Es ist viel weiter und intensiver. In der normalen menschlichen Kommunikation besteht ein Unterschied zwischen den Gedanken eines Menschen und dem, was davon ausgesprochen wird. Nicht alle Gedanken im physischen Körper führen zu einer Mitteilung an andere. Im Bereich des spirituellen Leibes ist das wohl anders. Denn die Kommunikation findet nonverbal statt und ist eher vergleichbar mit einer Gedankenübertragung. Diese wichtige Eigenschaft, die wie alle anderen auch oben schon beschrieben wurde, möchte ich mit Schilderungen aus den Arbeiten von Moody nochmals hervorheben. Einer der betroffenen Menschen erzählt, dass er in dieser Situation weder Stimmen noch irgendwelche Laute bemerkt hätte. Vielmehr hätte er die Gedanken der Menschen aus der Umgebung direkt empfangen.[95] Ähnlich beschreibt dies eine Frau. Während ihrer Nahtoderfahrung sah sie mehrere Leute und verstand alles, was sie sagten. Allerdings fand dabei keine akustische Übertragung statt, sondern sie wusste irgendwie genau, was diese Menschen sagen wollten. Und zwar in dem Moment, ehe sie mit dem Sprechen begannen.[96]

Der spirituelle Körper kann sich, wenn er will, nicht mit irdischer Geschwindigkeit, sondern viel schneller bewegen. Es gelingt ihm, blitzschnell dorthin zu gelangen, wohin er gerade will, wo er sich „hingedacht" hat. Dies hängt wohl mit der schon erwähnten Eigenschaft zusammen, sich mit Lichtgeschwindigkeit zu bewegen. Dabei stellen materielle Gegenstände wie zum Beispiel Türen, Fenster, Mauern, Schränke und auch Menschen keinerlei Hindernis dar. Ohne jegliche Schwierigkeiten kann die Seele durch alles hindurchgehen, ohne Schaden zu nehmen.

In ganz wenigen Berichten der Nahtodforschung wird auf eine Seelenfähigkeit hingewiesen, die auch die wichtige Grundlage des nächsten Kapitels darstellt. Sie kann sich nämlich im Erhalt ihrer

Ich-Identität offenbar an Dinge erinnern, die ganz offensichtlich nicht aus den Erfahrungen und dem Wissen des aktuellen Lebens stammen. Hinweise darauf gibt es in den oben bereits dargestellten Berichten der von Geburt an blinden Menschen. Während ihrer Nahtoderfahrung nahmen sie bestimmte Dinge wahr, zum Beispiel Häuser, Bäume oder Landschaften, und waren auch in der Lage, die empfundenen Eindrücke ganz genau und treffend zu beschreiben. Obwohl sie diese Dinge im aktuellen Leben noch nie gesehen hatten. Offenbar verfügt die Seele über ein erweitertes und unter besonderen Bedingungen abrufbares Wissen.

Manchmal spürt sie nach dem Austritt aus dem physischen Körper einen wahren Bewusstseinsschub und die Wissensmenge kann in diesem Moment dramatisch zunehmen. In manchen Zitaten wird deutlich darauf hingewiesen, dass die Betroffenen während ihres Nahtoderlebnisses das Gefühl haben, plötzlich das gesamte Wissen der Welt in sich vereinigt zu haben. Andererseits wird auch formuliert, dass das Denken plötzlich von großer Klarheit und Schnelligkeit gekennzeichnet ist. Aus irdischer Sichtweise eigentlich eine fantastische Situation.

Diese Zusammenfassung zeigt, dass die während der Nahtoderfahrungen erlebten Seeleneigenschaften sich von denen des physischen Körpers deutlich unterscheiden. Allerdings gelten sie nur für den außerkörperlichen Zustand. Zurückgekehrt in den alten physischen Körper, ist alles wieder normal wie früher.

6

Die Seele erzählt – Erkenntnisse der Reinkarnationsforschung

Edeltraut, die meiner Frau und mir sehr nahestand, spürte seit längerer Zeit immer stärkere Schmerzen an ihrer Lendenwirbelsäule. Wir kümmerten uns intensiv um sie. Als sie sich in einem Krankenhaus genauer untersuchen lassen wollte, schien uns dies auch der richtige Weg zu sein.

Bei einem Besuch fanden wir sie dort völlig verändert vor. Nach kurzer Begrüßung fing sie sofort an zu weinen. „Was ist denn?“ Sie reagierte nicht und war ganz in sich zurückgezogen. Tief betroffen nahm meine Frau sie in den Arm. „Sag, was ist?“ „Ich habe eine andere Krankheit“, sagte sie zögernd. Man hörte es kaum, so leise sprach sie. „Ja, und was denn?“ Edeltraut schwieg und sah uns nur traurig an. Sie weinte und blieb stumm.

Wir ahnten nichts Gutes, suchten den Stationsarzt und fragten ihn. Er zögerte etwas mit seiner Antwort: „Krebs in sehr weit fortgeschrittenem Zustand!“ Und voll mit Metastasen. Ihre Lebenserwartung? Nur noch wenige Wochen!

Ein Schlag, so plötzlich! Ohne Vorwarnung. Schmerzen an der Lendenwirbelsäule ließen eher einen Bandscheibenvorfall oder etwas Ähnliches erwarten. Aber Krebs!? Wir schauten uns betroffen an. Das war fürchterlich! Vor diesen Worten des Arztes war das Leben noch anders gewesen. Und was passierte jetzt? Nun verstanden wir Edeltraut in ihrer Schreckstarre.

Sie kam sehr bald ohne weitere Therapie nach Hause in ihre Wohnung und schwieg auch dort nach wie vor. Niemand wusste, wie damit umgegangen werden sollte. Am wenigsten Edeltraut. Sie konnte das Wort „Krebs“ nicht aussprechen. All ihr Denken und Handeln war tagelang blockiert. Sie weinte und starrte nur noch an die Decke. Die Situation war nicht auszuhalten. Wie konnten wir sie wieder zurückholen?

Ich versuchte schließlich, sie durch die Wahrheit aufzurütteln. Eines Morgens nahm ich ihre Hände, sah sie fest an und sagte: „Du hast eben Krebs! Er geht nicht weg und ist in dir drin! Du musst es akzeptieren!“ Sie schwieg. Dann wurden ihre Augen groß und füllten sich langsam mit Tränen. Sie krallte sich in meine Finger und das Unerwartete geschah. Ganz leise, kaum hörbar flüsterte sie: „Ja, ich habe Krebs!“ Und nach kurzem Zögern: „Und er wird mich besiegen!“ Ihr Weinen wurde immer stärker und es schien geradezu eine Erlösung, eine Befreiung zu sein.

Nun waren sie ausgesprochen, diese schwierigen Worte. Das Ergebnis eines langen inneren Kampfes. Erstaunlich schnell öffnete sie sich dann Fragen, die sie bisher nicht zulassen wollte. Ganz wichtig war, zu überlegen, wie sie ihre letzte Zeit gestalten wollte. Auch eine Auseinandersetzung mit dem Sterben, mit ihrem eigenen Sterben, war plötzlich möglich. Sie sprach mich an und wollte sich genau über Nahtoderlebnisse informieren. Natürlich erfüllte ich ihre Bitte gerne und es folgten lange, sehr intensive Gespräche. Sie öffnete sich diesen emotionalen Schilderungen, konnte sie gut mit ihrem starken christlichen Glauben verbinden und meinte sogar, dass er dadurch ganz positiv unterstützt würde.

Nach einiger Zeit kam von ihr die entscheidende Frage: „Du hast mir nun von Menschen berichtet, die sich ganz nahe am Tod befanden und dann zurückkehrten. Laufen denn diese Erlebnisse im echten, endgültigen Sterben genauso ab? So positiv? Das zu wissen, wäre für mich wirklich eine zusätzliche Hilfe.“

Ich verstand ihre Frage gut, konnte sie aber damals nicht beantworten.

Edeltraut wurde immer schwächer und ihr Ende nahte. Zum Glück war sie schmerztherapeutisch gut versorgt. Während ihres Hinübergleitens in die andere Welt hörten wir, wie sie ganz leise, aber erfreut und vor sich hin lächelnd von ihren neuen Erlebnissen erzählte.

Ihre letzte Frage wurde für mich zu einem Auftrag. Gab es irgendwo Hinweise auf vergleichbare Seelenerlebnisse im echten Sterbeprozess? Ich folgte einer Spur zur Reinkarnationslehre. Begleiten Sie mich nun auf dieser Reise, sie ist weit weniger mystisch, als man gemeinhin denkt.

Reinkarnation in den verschiedenen Religionen

Um die gesuchte Antwort auf Edeltrauts Frage zu finden, führte mich mein Weg zur intensiven Auseinandersetzung mit dieser Lehre. Sie geht im Prinzip davon aus, dass die Seele eines Menschen den Körper bei seinem Tod verlässt und sich irgendwann später wieder in ein nächstes Menschenleben inkarniert. Die Seele eines Menschen lebt also nach dieser Auffassung wesentlich länger als sein physischer Körper, wahrscheinlich hat sie sogar schon viele Jahre vor ihrem aktuellen Leben existiert.

Bei meinen Vorträgen gehe ich natürlich auch auf die Reinkarnation ein und musste immer wieder feststellen, dass bei vielen Menschen ein offener Zugang zu diesem Thema fehlt. Schon die Beschäftigung mit Nahtoderlebnissen ist für die meisten anstrengend genug. Und dann noch Reinkarnation? Sehr, sehr schwierig!

Am Ende meiner Vorträge zu Nahtoderfahrungen entsteht meist eine umfangreiche Diskussion. Kürzlich meldete sich ein Zuhörer: „Ihren Vortragsteil über die Nahtoderfahrungen fand ich gut und logisch aufgebaut, obwohl das Thema für mich sehr fremd war. Aber dann kamen Ihre Ausführungen zur Reinkarnation! Nein, dafür fehlt mir jeglicher Zugang. Ich kann damit überhaupt nichts anfangen, das passt für mich nicht zusammen." Sagte es und verschloss sich jeglichen weiteren Argumenten.

Seine Bemerkung war und ist ganz typisch für diesen versperrten Weg.

Die mentale Blockade, sich mit Reinkarnation zu beschäftigen, hat meist ganz unbewusst etwas mit verwurzelten und tradierten, tief im Inneren ruhenden religiösen Vorstellungen zu tun.

Die verschiedenen Religionen gehen mit Reinkarnationsgedanken höchst unterschiedlich um. Eine genaue Erörterung dieser Differenzen wäre hier viel zu komplex und umfangreich. Ich möchte daher hier nur ganz grob an einigen Beispielen umreißen, wie stark in den verschiedenen Religionen der Reinkarnationsglaube ausgeprägt ist.

Im Hinduismus ist Reinkarnation eine tragende Säule des Lebens. Der Mensch besitzt nach dieser Lehre eine unsterbliche Seele, die sich nach seinem Tod wieder in ein neues Lebewesen inkarniert. Die „Güte" der neuen Reinkarnation ist allerdings abhängig von der Lebensführung im vergangenen Leben. Beging man in diesem Leben schwere Verfehlungen, kann man nach der Auffassung des Hinduismus im nächsten Leben einem Leiden ausgesetzt sein, beispielsweise krank geboren werden. Durch diese aktive Beziehung zwischen altem und neuem Leben ist Reinkarnation im Hinduismus völlig akzeptiert und wirkt stark auf das tägliche Leben ein.

Einige Richtungen des Buddhismus sehen dies anders. Im ursprünglichen Buddhismus wird sie abgelehnt, in späteren Entwicklungen jedoch teilweise akzeptiert. Vor allem der tibetische Buddhismus geht ganz deutlich von einer Reinkarnation aus, sehr einprägsam demonstriert bei der Suche eines Nachfolgers für einen verstorbenen Dalai Lama.

In der Religion der Sikhs wird daran geglaubt, dass Menschen und auch Tiere eine Seele besitzen. Sie kann immer wieder neu geboren werden und dabei verschiedene Lebensformen annehmen. Hat sie sich in einen Menschen inkarniert, ist damit die höchste Stufe des Bewusstseins erreicht. Im Grundsatz besteht im Sikhismus ein Prinzip von Ursache und Wirkung. Handlungen im Jetzt haben eine Auswirkung auf die Art des Lebens in der Zukunft. Daher kann Reinkarnation nicht nur ein freudiger Kreislauf sein. Es liegt somit nahe, dass das Ziel eines Sikhs darin besteht, aus dem Kreislauf der Wiedergeburt zu entkommen und die Seele letztlich mit Gott zu vereinen.

Die Vertreter der Hauptrichtungen des Islam lehnen Reinkarnation ab, wogegen sie in einigen Nebenrichtungen eine große Rolle spielt.

Auch im jüdischen Glauben scheint die Auseinandersetzung mit ihr nicht einheitlich, sondern durchaus kontrovers zu sein.

Also: insgesamt keine einheitliche Linie, sondern alles höchst unterschiedlich!

Wie sieht es nun im Christentum aus? Oberflächlich ist die Antwort hierauf ganz einfach: Das Christentum lehnt bis heute eine Reinkarnation im Sinne von mehrfachen Leben einer Seele ab.

Die Frage, warum das so ist, wird durch einen Blick in die Kirchengeschichte beantwortet.[97]

Im ganz frühen Christentum war der Reinkarnationsglaube absolut gängig, bedingt auch durch den Einfluss der griechischen Philosophie. Einer der wichtigsten frühen Kirchenphilosophen war Origenes von Alexandria (185–254), der maßgebend die theologische Entwicklung des anfänglichen Christentums beeinflusste. Seine grundlegende Ansicht bestand in der Präexistenzlehre. Diese ging davon aus, dass die Seele eines Menschen nicht an seinen physischen Körper gebunden ist. Sie konnte bereits vorher in anderen Körpern „gewohnt" haben und auch danach wieder in anderen Körpern „wohnen".

Der Auffassung von Origenes strikt gegenüber stand die Lehre des Kreatianismus. Sie hatte zum Inhalt, dass die Seele einmalig ist und im Moment der Zeugung von Gott geschaffen wird. Die zwei Lehrmeinungen waren völlig konträr zueinander und vertrugen sich weder theologisch noch politisch. Es wird sogar über bewaffnete Auseinandersetzungen zwischen den beiden Lagern berichtet. Um nun eine Klarheit in diesen intensiven theologischen Streit zu bekommen, berief der römische Kaiser Justinian I. (482–565) im Jahr 543 in Konstantinopel eine Synode ein, die als Vorbereitung auf das dortige zweite Konzil von 553 diente.

In dieser Synode wurden große Teile der Lehre des Origenes verboten, auch seine Präexistenzlehre. Er selbst wurde als Häretiker, das heißt als Gotteslästerer oder Ketzer bezeichnet. Im zweiten Konzil von 553 wurde die Entscheidung dieser Synode bestätigt. Origenes galt weiterhin als Häretiker.

Als herrschende Lehre beschloss das Konzil den Kreatianismus. Die Folgen dieser dogmatischen Festlegung waren deutlich. Über Reinkarnation wurde in der christlichen Praxis ab diesem Konzil faktisch nicht mehr geredet. Man wusste ja, welch gefährliches Leben damals Gotteslästerer hatten.

Diese Verbotseinstellung zur Reinkarnationslehre und die Konzentration auf den Kreatianismus haben die traditionellen christlichen Leitbilder bis heute geprägt. Demnach gibt es nur eine Seele, die allerdings unsterblich ist, letztlich bis zur Auferstehung. Im Katechismus der katholischen Kirche von 2005 ist diese Sichtweise nochmals bestätigt: „Die Geistseele kommt nicht von den Eltern, sondern ist unmittelbar von Gott geschaffen; sie ist unsterblich. Sie geht nicht zugrunde, wenn sie sich im Tod vom Leibe trennt, und sie wird sich bei der Auferstehung von neuem mit dem Leib vereinen.“[98]

Es geht mir nicht darum, hier verschiedene theologische und philosophische Positionen zum Reinkarnationsgedanken zu diskutieren. Ich möchte nur aufzeigen, warum sich im christlichen Bereich Gespräche über Reinkarnation so schwierig gestalten.

Im Prinzip ist das ja auch gar nicht schlimm. Um die Angst vor dem Sterben und dem Tod zu reduzieren, genügt es nach meiner Auffassung völlig, eine tragende und verlässliche Vision über den Sterbeablauf, den Tod und das „Danach“ verinnerlicht zu haben. Und dies bietet natürlich das Christentum zweifellos.

Im Vordergrund steht hier jedoch, auf die Kraft der Nahtoderfahrungen beim Aufbau einer solchen Vision hinzuweisen. Es ist daher zu prüfen, ob die Veröffentlichungen zur Reinkarnation einen Einblick in den Ablauf des tatsächlichen, echten Sterbeprozesses erlauben. Mit entsprechenden Aussagen würde ganz deutlich die generelle Glaubwürdigkeit von Nahtodberichten aus einem Bereich unterstützt werden, der bisher in der Nahtodliteratur weitgehend unbeachtet geblieben ist.

Also: Gibt es in der Reinkarnationsliteratur entsprechend interpretierbare und belastbare Ausführungen über den Sterbeprozess vergangener Inkarnationen?

Forschungsergebnisse zur Reinkarnation

Wissenschaftlich gesehen basieren die Aussagen zur Reinkarnation natürlich wieder auf Hypothesen. Da auch diese bis heute nicht eindeutig widerlegt wurden, steht wie bei den Nahtoderfahrungen ihre Glaubwürdigkeit im Zentrum. Wo finden sich also Berichte über Abläufe früherer Leben, detailliert und möglicherweise sogar mit heutigen Mitteln nachgeprüft? Solche glaubwürdigen Berichte aufzuspüren, ist für hilfesuchende Menschen in ihrer Auseinandersetzung mit dem Visionsaufbau über das eigene Sterben wichtig. Die damit verbundenen hohen Anforderungen zu erfüllen, erscheint zunächst außerordentlich schwierig oder sogar unmöglich zu sein, denn wenn man tatsächlich gestorben ist, gilt man schließlich als nicht mehr ansprechbar. Allerdings wohl nur der physische Körper. Was aber macht und kann die Seele?

Aus den obigen Beispielen ist erkennbar, dass eine Seele ihre Erlebnisse und ihr Wissen selbständig abgespeichert hat und dass dieser Speicher auch nach dem Verlassen des physischen Körpers offenbar aktiv weiter bestehen bleibt. So wurden etwa in der Lebensrückschau detaillierte Einzelheiten aus den allerersten Tagen und Stunden des irdischen Lebens beschrieben. Und wenn schon Informationen aus dem aktuellen Leben während der Nahtoderfahrungen im Zugriff sind, könnte man doch vermuten, dass auch das Wissen aus Vorleben noch im Speicher der Seele vorhanden sein könnte. Vielleicht sogar das Wissen aus dem letzten Sterbeprozess!

Kann man diesen Speicher einer Seele außerhalb von Nahtoderlebnissen anzapfen? Kann man ihn sogar zum Sprechen bringen? Das müsste doch der richtige Weg sein!

Ja, es ist möglich. Um diesen Weg zu begehen und die so wichtige Glaubwürdigkeit entsprechender Aussagen zu prüfen, muss man sich allerdings etwas intensiver mit dem Phänomen der Reinkarnation beschäftigen. Nur dann ist man in der Lage, Ergebnisse der Reinkarnationsforschung für sich richtig einzuordnen.

Beginnen wir mit der Frage, ob es überhaupt belastbare und weitgehend objektive Berichte zur Reinkarnation gibt. Das ist eine Grundvoraussetzung. Existieren in diesem schwierigen Umfeld sogar Forschungsarbeiten oder forschungsähnliche Berichte? Und wenn ja, bieten diese Arbeiten und Aussagen auch die verlangte hohe Glaubwürdigkeit?

Verwertbare Arbeiten zu finden, die diesen hohen Anforderungen genügen, ist wirklich nicht einfach. Reinkarnationsforschung an sich ist schon sehr anspruchsvoll und ungewöhnlich. Sie beginnt oft völlig diffus und unklar, zum Beispiel irgendwo auf der Welt mit dem Bericht über ein kleines Kind, das sich offenbar ganz aktiv an ein früheres Leben erinnert. Es erzählt seinen Eltern beispielsweise „komische" Dinge: „Ihr seid nicht meine richtigen Eltern!" Oder: „Ich wohne nicht hier!" Und: „Ihr nennt mich Paula, aber eigentlich heiße ich Elisabeth." Oft werden auch fremde Nachnamen und unbekannte Verwandtschaftsbeziehungen genannt. Und natürlich völlig fremde Ortsbezeichnungen.

Eltern, die so etwas hören, sind natürlich verwirrt und können mit solchen Äußerungen des Kleinkindes nicht entsprechend umgehen. Meistens wird ihm verboten, solche „falschen" Dinge nochmals zu erzählen. Andere Eltern hingegen gehen offener damit um und versuchen, den Wahrheitsgehalt der kindlichen Erzählungen zu klären.

Genau dies war der Ansatz von Ian Stevenson. Der amerikanische Professor für Psychiatrie an der Louisiana State University interessierte sich hochgradig für derartige Berichte, die möglicherweise auf eine Reinkarnation hinwiesen. Er nahm Kontakt zu den Eltern auf, reiste oft auch zu ihrem Wohnort, um dann dort die Erzählungen des Kindes detailliert zu überprüfen. Mit unglaublichem Aufwand beschäftigte er sich mit diesen Fällen und integrierte in die Überprüfungen auch viele neutrale Beobachter. Alles, um herauszufinden, ob die Erzählungen auf eine tatsächliche Reinkarnation hinwiesen. Mit seinen umfangreichen Arbeiten und Veröffentlichungen gilt er als der Begründer der Reinkarnationsforschung.

Aus seinen sehr strukturierten und wissenschaftlich aufgebauten Dokumentationen ist genau zu erkennen, was er zur Klärung der geschilderten Ereignisse und Situationen unternahm.[99] Beispielsweise fuhr er zu dem Ort, an dem ein Kind behauptete, eigentlich zu wohnen. Oft fand er tatsächlich die genannten Wohnungen und Menschen. Und das mithilfe von Beschreibungen eines Kindes, das in seinem „neuen" Leben noch nie dort gewesen war. Stevenson berichtet, dass Kinder mehrfach ganz erfreut ihre „alten" Eltern begrüßten, obwohl diese damit eigentlich nichts anzufangen wussten. Allerdings erzählten sie dann, dass ihnen vor einigen Jahren ein eigenes Kind, im obigen Beispiel mit dem Namen Elisabeth, gestorben wäre.

Für Stevenson war klar: Wenn ein Kind im Alter von beispielsweise vier oder fünf Jahren behauptet, es hätte eigentlich andere Eltern, ist dies von vornherein schon ungewöhnlich. Wenn noch dazu kommt, dass es, ohne jemals seinen Wohnort verlassen zu haben, viele Details dieser völlig fremden Familie weiß und sie sogar genau und wahrheitsgemäß beschreiben kann, dann liegt – natürlich nur nach entsprechender neutraler und detaillierter Überprüfung – wohl eine Reinkarnation vor.

In seinen Büchern führt er ca. 100 Fälle weltweit an. Bei den meisten dieser Fälle kommt er nach sorgfältiger und nüchterner Prüfung zu dem Urteil: „verifiziert". So bezeichnet er eine aus seiner Sicht bestätigte Reinkarnation.

Die Berichte von Stevenson sind wirklich außerordentlich beeindruckend und scheinen durch die logisch aufgebauten Dokumentationen sehr glaubwürdig zu sein.

Im Bereich der forschungsähnlichen Veröffentlichungen existieren weitere und ebenfalls intensiv überprüfte Fälle. Auf einen besonders spektakulären Fall möchte ich näher eingehen, weil die Menge der detaillierten Angaben und die Qualität der Überprüfung sehr hoch sind.[100] Dadurch wird eine Beurteilung seiner Glaubwürdigkeit ganz wesentlich erleichtert.

Der in Pueblo im Bundesstaat Colorado ansässige Amerikaner Morey Bernstein betätigte sich neben seinem Beruf als Hypnotiseur. 1952 versetzte er eine Bekannte, Ruth Simmons (Pseudonym), in Trance. Ruth erzählte während dieser Phase außerordentlich detailliert aus ihrem früheren Leben als Bridey Kathleen Murphy. In Bernsteins Veröffentlichung zu diesem Fall werden Tonbandaufzeichnungen von insgesamt sechs Stunden Hypnosesitzungen detailliert und wortgetreu aufgeführt.

Die nationalen und internationalen Reaktionen auf Bernsteins Buch über Bridey Murphy waren enorm. Viele Menschen, darunter auch mehrere Journalisten, beschäftigten sich intensiv mit der Überprüfung der angegebenen Daten. Auf einige wichtige Details des Falls muss ich hier unbedingt näher eingehen, um eine Beurteilung seiner Glaubwürdigkeit zu ermöglichen.

Ruth Simmons erzählte in Hypnose, dass sie als Bridey Murphy im Jahr 1798 in Irland geboren wurde und nahe dem Ort Cork gewohnt hatte. Sie beschrieb genau Szenen aus ihren jungen Jahren, beispielsweise wann sie ihren zukünftigen Mann Brian kennengelernt hatte, mit dem sie später nach Belfast zog. Auch von dort berichtete sie aus ihrem Leben, besonders genau aber von ihrer katholischen und dann, ganz ungewöhnlich, auch von einer nachfolgenden evangelischen Trauung! Sie erzählte von ihren Einkäufen und Tätigkeiten. Schließlich konnte sie genau schildern, wie alt sie wurde, welche Krankheit sie zum Schluss hatte und wann beziehungsweise wie sie starb.

Weil das Leben von Bridey Murphy schon so lange zurück lag, versuchte der Hypnotiseur Morey Bernstein immer wieder, von ihr aktuell noch nachprüfbare Informationen zu erhalten. Dieser Versuch gestaltete sich jedoch überhaupt nicht einfach, weil Bridey für viele Begebenheiten und Gegenstände historisch umgangssprachliche Bezeichnungen benutzte. Man musste daher zunächst erfahren, was sie überhaupt damit gemeint haben könnte. Bei mehreren Überprüfungen wurden ihre Beschreibungen schnell als falsch deklariert, weil sie in der heutigen irischen Sprache unbekannt waren. Einige Sprachkenner und Sprachforscher machten sich jedoch auf den Weg und es gelang ihnen tatsächlich, viele von Brideys Bezeichnungen zu erkennen und für die Jahre um 1800 als gebräuchlich nachzuweisen.

Um nachprüfbare Informationen zu erhalten, wurde Bridey immer wieder intensiv befragt. Beispielsweise sollte sie erzählen, durch welche Orte man damals mit der Pferdekutsche auf dem langen Weg von Cork nach Belfast reisen musste. Sie nannte ohne Zögern verschiedene Namen, darunter auch den Ort „Bailings Crossing". Bei verschiedenen Recherchen, ob Brideys Angaben richtig waren, konnte dieser Ort im Gegensatz zu vielen anderen nicht gefunden werden. Eher zufällig ergab sich jedoch später bei noch genaueren Nachforschungen, dass es den Ort als „Bailies Cross" tatsächlich gab. Er war allerdings so klein, dass seine Dokumentation in einer normal verfügbaren Landkarte fehlte.

Man muss sich dieses Ereignis wirklich vor Augen halten. Eine Amerikanerin, die in ihrem aktuellen Leben noch nie in Irland war, erzählt im Jahr 1952 genau, durch welche Orte man in den Jahren um 1820 auf der Reise mit der Pferdekutsche von Cork nach Belfast fahren musste. Dabei erwähnt sie einen winzigen Ort, praktisch nur eine kleine Häuseransammlung, der jedoch in keiner normal verfügbaren Landkarte zu finden ist. Woher sollte sie als junge amerikanische Frau über diese detaillierten Kenntnisse verfügen?

In enormer Kleinarbeit gelang es, viele von Brideys Erzählungen zu bestätigen. Manches war jedoch so ungenau, dass keine eindeutige Zuordnung möglich war. Einige Erzählungen stellten sich auch als falsch heraus.

Ein weiteres Beispiel für die schwierigen Nachforschungen möchte ich noch aufzeigen: Brideys evangelischer Mann Brian hielt nach ihren Angaben um das Jahr 1850 Vorlesungen an der katholischen Queen's University in Belfast im Bereich des juristischen Colleges. Auf der Suche nach überprüfbaren Angaben wurde Bridey befragt, ob ihr noch Namen von damaligen Arbeitskollegen ihres Mannes an der Universität bekannt wären. Sie nannte insgesamt drei Namen und buchstabierte sie ihrer Erinnerung nach.

Brideys Angaben über die Tätigkeit ihres Mannes wurden, wie andere auch, zum Anlass genommen, ihre Äußerungen generell anzuzweifeln. Alles sei erfunden, denn es sei undenkbar, dass zu dieser Zeit ein evangelischer Dozent an einer katholischen Universität eine Lehrerlaubnis erhalten hätte. Außerdem, so die Zweifler, hätte zum genannten Zeitpunkt überhaupt keine juristische Abteilung an der Universität bestanden.

Genaue Recherchen ergaben jedoch, dass eine juristische Abteilung an der Queen's University tatsächlich bereits im Jahr 1849 eingerichtet wurde. Außerdem fand sich zusätzlich eine Vereinbarung, die bestätigte, dass an dieser Universität Religionsfreiheit herrschte, also ein evangelischer Dozent durchaus vorstellbar war. Von den drei Arbeitskollegen, die Bridey erwähnte, konnten in den Archiven der Universität zwei namentlich aufgespürt werden. Allerdings war die im Archiv gefundene Namensschreibweise eines der Kollegen minimal anders als die buchstabierten Angaben von Bridey. Insgesamt erscheint dieser Sachverhalt mit seinem Prüfungsergebnis schon außerordentlich erstaunlich zu sein.

William Barker, ein amerikanischer Journalist, war eine der tragenden Säulen in der Überprüfung von Brideys Angaben.[101] Er reiste, um mehr Klarheit in die Angelegenheit zu bringen, aus den USA nach Irland, nahm dort über mehrere Wochen die Spuren von Bridey auf und fuhr während dieser Zeit insgesamt über 20.000 km. Er führte viele Interviews und sprach mit mehreren Forschern. Viele von Brideys Erzählungen wurden durch seine Arbeit bestätigt. Das Ende seines umfangreichen Berichts formulierte er wie folgt: „Wären auch noch weniger Details aus Brideys Erzählungen, als es der

Fall ist, verifizierbar, so bliebe doch ein anderes Faktum, das dem ganzen Phänomen Wahrhaftigkeit verleiht: Während der sechs Hypnosesitzungen wandelte sich Brideys Stimme jedes Mal auf subtile Weise entsprechend der Altersstufe, in die sie zurückversetzt wurde, und der irische Tonfall, in dem sie sprach, war für jeden, der einmal wirklich echte Iren reden hörte, überzeugend. Bridey lieferte nicht etwa den versierten irischen Akzent des ‚Berufs-Iren' in den Staaten; in ihren raschen Antworten ist keine Spur von ‚Bühnen-Irisch'. Nein, wenn man das gesamte Material von und über Bridey im Zusammenhang sieht, stellt man fest, dass es das Signum der Wahrheit hat – was immer diese Wahrheit letztlich bedeuten mag."[102]

Wenn man sich nun, ohne die vielen in der Literatur verfügbaren Reinkarnationsberichte zu berücksichtigen, allein auf die umfangreich dokumentierten und als „verifiziert" bezeichneten Fälle von Stevenson konzentriert und den ausgewählten Fall von Bridey hinzufügt, fällt es aus meiner Sicht sehr schwer, ihre Glaubwürdigkeit abzulehnen.

Und damit steht meine Meinung fest: Gut dokumentierte Reinkarnationsberichte besitzen eine hohe Glaubwürdigkeit! Unsere Seelen waren also vor unserem Leben sehr wahrscheinlich schon inkarniert und werden es danach möglicherweise wieder sein.

Ich möchte nochmals betonen, worum es mir geht: Ich will Aussagen aus der Reinkarnationsforschung nur insoweit nutzen, als sie Einblicke in den Ablauf des echten Sterbens geben. Werden also Wahrnehmungen aus dem Nahtodbereich auch im realen Sterbeprozess erlebt? Das war meine Ausgangsfrage.

Die Arbeiten von Michael Newton

Auf der Suche nach Quellen, die aus der Sicht der Reinkarnation einen tieferen Einblick in den menschlichen Sterbeprozess geben können, rücken unmittelbar die Arbeiten von Michael Newton ins Zentrum. Diese beziehen sich auf einen extrem schmalen Wissensbereich und zeigen Erkenntnisse weit außerhalb unseres normalen Erfahrungsschatzes. Aus diesem Grund ist Michael Newton eher einem kleineren Kreis von Hypnose- und Reinkarnationsinteressierten bekannt. Ich stelle seine Arbeit daher etwas ausführlicher dar.

Michael Newton war ein amerikanischer Psychologe, der sich anfänglich mit Verhaltenstherapie und anschließend sehr erfolgreich mit Reinkarnationstherapie beschäftigte. Diese besondere Therapieform geht davon aus, dass heutige medizinische Probleme eines Patienten oder einer Patientin aus Ereignissen eines seiner oder ihrer Vorleben resultieren könnten. Findet man tatsächlich ein solches Ereignis und holt es somit aus der jahrelangen Versenkung heraus, kann es sein, dass die im aktuellen Leben aufgetretenen Probleme verschwinden. Beispielsweise ist es möglich, dass heutige unklare und medizinisch nicht behandelbare Schmerzen im Bein von einer in einem Vorleben erlittenen schweren Verletzung genau an dieser Stelle herrühren können.

Lange Zeit führte Michael Newton solche Reinkarnationstherapien erfolgreich durch, bis er bei einem Patienten ein besonderes Erlebnis hatte.[103] Während seiner Rückführung erreichte dieser Patient nicht eine seiner Inkarnationen, sondern mehr oder weniger zufällig einen Lebensabschnitt zwischen seinen Inkarnationen. Also nicht ein irdisches, sondern ein Leben in der geistigen Welt. Dies war für Newton völlig überraschend und ungewöhnlich. Er war es gewohnt, während einer Hypnose die erstaunlichsten Schilderungen aus früheren Erdenleben zu hören, Schilderungen aus einem Zwischenleben jedoch empfand er damals als völlig verblüffend.

Newton beschreibt die Folgen dieses besonderen Interviews für sein gesamtes weiteres Leben wie folgt: „Als ich nach dieser Sitzung die Bandaufnahmen nochmals anhörte, erkannte ich, dass der Zugang zur geistigen Welt eine Erweiterung der Rückführung in frühere Leben bedeutete. Es gibt viele Bücher über vergangene Leben, aber ich konnte keines finden, das über unser Leben als Seelen sprach, oder wie wir richtig Zugang zu den spirituellen Erinnerungen der

Menschen bekommen könnten. So beschloss ich, selbst nachzuforschen, und mit wachsender Übung wurde ich immer geschickter darin, mithilfe meiner Klienten und Klientinnen in die geistige Welt zu blicken. Ich fand auch heraus, dass die Entdeckung ihres Platzes in der geistigen Welt den Menschen sehr viel mehr bedeutete als das einfache Erzählen ihrer früheren Leben auf der Erde."[104]

Von diesem erstmaligen Bericht über ein „Leben" zwischen den irdischen Leben ging für Newton eine so starke Faszination aus, dass er sich darauf konzentrierte und sich über 40 Jahre damit beschäftigte. In dieser Zeit unternahm er bei sehr vielen Patienten entsprechende Rückführungen und entwickelte sogar eine eigene Vorgehensweise, um seine Patienten während einer Hypnose direkt in diesen Zwischenbereich zu führen. Durch die vielen Patientenberichte entstand für ihn eine völlig neue Bewertung der geistigen Welt.

Mit seinen umfangreichen Dokumentationen gilt er als Pionier der Erforschung des Lebens nach dem Tod und gründete das *Michael Newton Institute for Life Between Lives Hypnotherapy*. Dort wurde und wird die von ihm entwickelte spezielle Hypnosetechnik gelehrt.

Michael Newtons empirische Forschungsarbeiten zeigen aus irdischer Sicht unglaubliche Ergebnisse und sind qualitativ aus meiner Sicht mit keinen anderen Veröffentlichungen zu vergleichen. Durch die Vielzahl seiner Hypnosesitzungen war es ihm möglich, bestimmte Aussagen seiner Klienten intensiv inhaltlich zu verproben, und er erkannte dadurch immer deutlicher ausgeprägte Seelenstrukturen in der spirituellen Welt. Wenn man sich diesen Schilderungen öffnet und ihre Inhalte akzeptiert, können sich das traditionelle Bewusstsein und die tradierte Denkweise über unser Erdenleben und das Danach völlig ändern.

Aus den vielen Arbeiten Newtons stehen zur Analyse der Glaubwürdigkeit von Nahtoderfahrungen hier jedoch nur diejenigen Interviews im Vordergrund, aus denen Hinweise auf mögliche Erlebnisse während des damaligen Sterbens erkennbar sind.

Tatsächlich begann Newton seine Hypnosesitzungen oft mit der Hinführung seiner Klienten zu dem Zeitpunkt ihres letzten Todes.

Sie sollten ihren Sterbeprozess nochmals durchleben und dann über ihren Eintritt in die geistige Welt berichten. Viele erzählten, dass sie nach ihrem Tod dort ankamen und als „Lichtpunkt" oder „Energieblase" im Raum schwebten.[105]

Warum erwähne ich diese völlig fremdartigen Wahrnehmungen, die erst kurz nach dem Sterbeprozess der Klienten entstanden und hier eigentlich nicht zum Kernthema gehören? Weil ich durch einen Bericht aus meinem persönlichen Umfeld bestätigen kann, dass Newtons veröffentlichte Erkenntnisse in entsprechender Hypnose tatsächlich erlebt werden können, und damit ein Hinweis auf die Existenz dieser geistigen Welt möglich ist.

Irmgard, eine sehr gute Bekannte von mir, hatte im Jahr 2012 ein ähnliches Erlebnis. Sie wollte, damals 42-jährig, bei einem in Deutschland arbeitenden Schüler von Michael Newton während einer Reinkarnationstherapiesitzung klären lassen, ob ihre ständigen und sehr starken Schmerzen zum aktuellen Leben gehörten oder ursächlich aus einem Vorleben stammten. Sie in Hypnose zu versetzen, fiel dem Hypnotiseur sehr leicht, und er befragte ihre Seele nach den Schmerzen. Es stellte sich heraus, dass sie zum jetzigen Leben gehörten, nicht durch Ereignisse aus Vorleben ausgelöst wurden und damit auch nicht mit Mitteln der Reinkarnationstherapie veränderbar waren.

Erstaunlich für sie und den Hypnotiseur war jedoch, dass ihre Seele ungewöhnlich schnell in einen Bereich zwischen ihren Inkarnationen gelangte, in dem sie sich als Seele irgendwann früher bewegt hatte. Sie beschrieb ihre Erlebnisse während der Hypnose und erzählte, dass sie sich dort als farbigen Lichtpunkt wiederfand. Sie hüpfte fröhlich umher und freute sich ihres „Lebens". Unbeschwert und völlig frei. Dann sah sie ähnlich farbige Bälle oder Punkte, zusammenhängend, als ob sie eine Familie bildeten. Einer dieser Punkte löste sich aus dem Verband und kam erfreut auf sie zu.

Der Hypnotiseur und Newton-Schüler war selbst erstaunt, wie ergiebig und tief die erste Hypnosestunde für Irmgard war. Er beendete sie allerdings nach diesem Lichtpunkterlebnis, weil die Schmerzfrage geklärt war. Für ihn waren die von Irmgard geschilderten Erlebnisse ganz normal, für sie jedoch außerordentlich, überraschend und neu.

Was mir Irmgard einige Tage nach ihrer Sitzung über ihre Seele als Lichtpunkt erzählte, deckt sich völlig mit den Berichten von Michael Newton aus der Welt zwischen den Inkarnationen. Die geistige Welt, aus der er berichtet, ist für „normale" Menschen jedoch überaus fremdartig. Aber wenn man Reinkarnation als reale Möglichkeit ansieht, kann man auch einen Zugang zur Glaubwürdigkeit seiner Berichte finden und annehmen, dass diese geistige Welt tatsächlich besteht.

Nahtoderfahrungen beschreiben Teile des echten Sterbeprozesses

Ich möchte wieder zurückkehren zu den Erlebnissen im tatsächlichen Sterbeprozess. Können dazu die Seelenrückführungen von Michael Newton nähere Auskunft geben? Und damit auch die vor einiger Zeit gestellte Frage von Edeltraut beantworten? Sie wollte ja genau wissen, ob Erlebnisse während des echten Sterbens mit denjenigen aus Nahtoderfahrungen übereinstimmen.

Exakte Angaben, wie viele Seeleninterviews Michael Newton in seiner langjährigen Praxis durchgeführt hat, gibt es nicht. In seinen Büchern sind ca. hundert Berichte abgedruckt. Aus seinen Äußerungen ist jedoch zu erkennen, dass er während seiner Tätigkeit wohl einige tausend Klienten befragte.

Die Erlebnisse einer Seele während oder kurz nach dem unmittelbaren Sterbeprozess wurden in den Interviews von Newton eher nebenbei erwähnt. Was danach kam, war für ihn wesentlich interessanter. Trotzdem sind sie vorhanden und sehr aussagefähig.

Sehr deutlich beschreibt Newton einen solchen Eintritt eines

Klienten in seinen vergangenen Sterbeprozess: „,Oh, mein Gott! Ich bin nicht wirklich tot – nicht wahr? Ich meine, mein Körper ist tot – ich sehe ihn unter mir – aber ich schwebe … Ich kann hinunterblicken und sehe meinen Körper ausgestreckt im Spitalbett liegen. Alle um mich herum *denken*, dass ich tot bin, aber ich bin es nicht. Ich will schreien! *He, ich bin nicht wirklich tot!* Das ist so unglaublich … Die Krankenschwestern ziehen ein Tuch über meinen Kopf … Menschen, die ich kenne, weinen. Die halten mich für tot, aber ich lebe noch! Es ist seltsam, denn mein Körper ist absolut tot, während ich mich von oben um ihn herumbewege. Ich lebe!'

Diese Worte sprach ein Mann in tiefer Hypnose, während er eine Todeserfahrung wiedererlebte. Seine Worte kamen in kurzen, erregten Ausbrüchen und waren voll Erstaunen, während er sah und fühlte, wie es ist, eine soeben von ihrem Körper befreite Seele zu sein. Dieser Mensch ist mein Klient, und ich habe ihm soeben dabei geholfen, die Sterbeszene eines vergangenen Lebens wiederzuerleben, während er entspannt in einem Liegestuhl ruht."[106]

Dieses Zitat aus den Arbeiten von Newton ist wirklich sehr interessant, denn es beantwortet eigentlich schon vollinhaltlich die oben gestellte Frage. Trotzdem möchte ich noch auf andere Berichte hinweisen, in denen Wahrnehmungen während des echten Sterbens beschrieben werden.

Eine weitere Klientin von Newton berichtet über eine Kraft, die sie aus ihrem gestorbenen Körper stößt, und wie sie danach als strahlender Punkt zu einem hellen Licht gezogen wird. Sie fühlt sich frei, ohne Schmerzen. Andere berichten ebenfalls, dass sie über ihrem toten Körper schweben, und das bekannte Tunnelerlebnis wird erwähnt. Von Wärme, Trost und Vertrautheit im Sterbeprozess erzählt eine andere Klientin. Sie wird nach dem Verlassen des toten Körpers von verstorbenen Familienmitgliedern freudig erwartet. „Wir umarmen uns", ruft sie ganz aufgeregt, als sie ihre Sterbeszene in Hypnose nochmals durchlebt und dabei von ihrem verstorbenen Ehemann erkannt wird, der auf sie zugeht.[107]

Sehr ausführlich beschreibt auch eine andere Patientin von Michael Newton, wie sie direkt nach ihrem früheren Tod durch einen

Autounfall in der geistigen Welt ganz freudig von ihrem „Onkel Charlie“ begrüßt wird.[108]

All das sind Formulierungen, die wir genau aus den Berichten über Nahtoderlebnisse kennen. Newton selbst hatte sich die Frage gestellt, ob es zwischen den Erlebnisbereichen eines nahen und eines echten Todes Unterschiede gibt. Für ihn ist ganz klar, dass diese Bereiche identisch sind: „In den ersten Stadien der Rückführung in frühere Leben widersprechen die Beschreibung der Klienten, die im Geiste ihre vergangenen Sterbeerfahrungen durchleben, den Aussagen derjenigen Menschen nicht, die in diesem Leben für einige Minuten tot waren. Der Unterschied zwischen diesen beiden Gruppen besteht darin, dass die Menschen unter Hypnose nicht Erfahrungen aus einem vorübergehenden Tod beschreiben. Menschen in tiefer Trance sind fähig, zu beschreiben, wie das Leben nach dem irreversiblen körperlichen Tod aussieht.“[109]

Jetzt endlich ist es möglich, Edeltrauts Frage klar zu beantworten: Ja, es ist tatsächlich so, die Schilderungen aus dem echten Sterbeprozess unterscheiden sich nicht von den Erlebnissen und Wahrnehmungen im Nahtodbereich! Eine Aussage, die in weiten Teilen der Nahtoddiskussion unbekannt ist. Eigentlich schade, denn sie unterstützt die Glaubwürdigkeit der Nahtoderfahrungen in bedeutender Weise. Man kann sie jetzt wirklich nicht mehr abtun als Traum oder künstliche Wahrnehmungen durch Restzuckungen eines sauerstoffarmen Gehirns. Auch die Behauptung, Nahtodberichte wären nicht aussagefähig und unglaubwürdig, weil die betroffenen Menschen nicht tatsächlich gestorben wären, fällt in sich zusammen.

Das Ergebnis des Ausflugs in die Reinkarnation ist eindeutig: Nahtoderfahrungen können als sehr glaubwürdig eingestuft werden. Sie beschreiben verschiedene Wahrnehmungen aus dem Übergang vom Leben in den Tod. Sie eignen sich damit hervorragend für den Aufbau einer tragenden Vision über Sterben und Tod. Eine Hilfe gegen die Angst vor dem Sterben, vergleichbar mit einer ausgestreckten Hand zum angstfreien Übergang in die geistige Welt.

Sie können diese Nahtoderlebnisse also wirklich verinnerlichen!

Zusammenfassung: Die Glaubwürdigkeit von Nahtoderfahrungen

Es war ein langer Weg, um herauszufinden, ob Nahtoderfahrungen tatsächlich eine hohe Glaubwürdigkeit besitzen.

Lang und schwierig deshalb, weil zur Bearbeitung des Themas das große Feld der vielen persönlichen und nicht überprüfbaren Erlebnisberichte ganz bewusst außer Acht gelassen wurde. Vielmehr sollten zu den formulierten Nahtod-Hypothesen Aussagen über Wahrnehmungen gefunden werden, denen durch umfangreiche Überprüfungen eine hohe Glaubwürdigkeit zugeordnet werden kann. Dies trifft aus meiner Sicht für die verwendeten Forschungsberichte und forschungsähnlichen Veröffentlichungen zu.

Die große Glaubwürdigkeit der Berichte über Nahtoderfahrungen basiert für mich auf zwei Kernbotschaften:

Erstens sind der physische Körper des Menschen und seine Seele zwei getrennte „Einheiten". Die Seele kann völlig eigenständig erleben und sich vom Körper lösen, wann sie will. Auf jeden Fall in der Todesnähe. Dies ist eine zentrale und bedeutende Feststellung. Der Bericht von Eben Alexander und vor allem der „wasserdichte" Fall von Pamela Reynolds lassen für mich persönlich keinen anderen Schluss zu. Auch die umfangreichen Erkenntnisse von Michael Newton weisen auf die Trennung von Seele und Körper hin.

Natürlich bestehen zu dieser Auffassung auch kritische Meinungen. Allerdings muss man bei ihrer Würdigung beachten, dass in diesem Bereich ungewohntes Denken in Kategorien verlangt wird, die für unsere fünf Sinne schwer zugänglich sind. Nur wenige forschungsähnliche Arbeiten leuchten in diesen dunklen Raum hinein und erlauben verwertbare Aussagen. Letztlich gelingt es daher den Kritikern aus meiner Sicht nicht, die Eigenständigkeit der Seele zu widerlegen. Nahtoderlebnisse sind somit für mich Seelenerlebnisse.

Aber es genügt nicht, die Glaubwürdigkeit von Nahtoderfahrungen allein aus den Nahtodinterviews abzuleiten. Das wäre zu einseitig, denn Edeltrauts Frage kann damit nicht beantwortet werden. Und sie ist tatsächlich die Frage aller Fragen! Was nutzt es, über glaubwürdige Nahtodberichte nachzudenken, wenn entsprechende Wahrnehmungen im echten Sterbeprozess gar nicht erscheinen? Wenn sie also nur auf den „nahen" Tod beschränkt sind und nicht für den „echten" Tod gelten?

Die Beantwortung dieser elementaren Frage ist allerdings in der Nahtodliteratur und entsprechenden Forschungen nicht üblich. Arbeiten zur Reinkarnation geben darüber jedoch Aufschluss.

Es war für mich daher sehr wichtig, dieses Gebiet so umfangreich darzustellen, dass ein mentaler Zugang zum Thema erleichtert und die Bedeutung der Arbeiten von Michael Newton erkannt werden kann. Seine außergewöhnlichen Ergebnisse zeigen tatsächlich eine Übereinstimmung der Wahrnehmungen im Nahtodbereich mit Schilderungen aus dem echten Sterbeprozess und ergeben damit eine bedeutende Bestätigung, dass die Berichte von „zurückgekehrten" Menschen richtig sind. Dies stellt für mich die zweite wichtige Kernbotschaft dar, mit der sich eine vollinhaltliche Bestätigung der Nahtoderlebnisse ergibt.

Damit besitzen die Berichte über Nahtoderfahrungen eine so hohe Glaubwürdigkeit, dass sie Menschen beim Aufbau einer Vision über Sterben und Tod sehr gut helfen können.

Also: Warum noch zögern? Sie können diese glaubwürdigen Berichte endgültig zum Aufbau einer eigenen Vision über das Sterben verwenden!

Auf einen Punkt möchte ich allerdings der Vollständigkeit halber noch hinweisen: In einigen Arbeiten zu Nahtoderlebnissen wird erwähnt, dass diese nicht immer nur positiv ablaufen.

Der bekannte Nahtodforscher Kenneth Ring nimmt dazu Stellung: „Von diesen schlimmen Nah-Todeserfahrungen gibt es in der Literatur ein paar Beispiele, aber sie sind absolut untypisch. Die meisten Fachleute scheinen darüber übereinzustimmen, dass sie vielleicht ein Prozent aller berichteten Fälle ausmachen oder sogar noch weniger. Und obwohl ich viele hundert Menschen mit Nah-Todeserfahrung befragt habe, bin ich selbst nie einer völlig negativen

Nah-Todeserfahrung begegnet, wenn ich auch von einigen Fällen gehört habe, in denen Augenblicke der Ungewissheit, Verwirrung oder vorübergehender Furcht vorgekommen sind.“[110]

Auch Michael Newton berichtet ähnlich. Er hörte zwar von solchen negativen Ereignissen, wurde aber selbst in seiner sehr großen Praxis nie damit konfrontiert.

7

Wie das Wissen aus Nahtoderfahrungen helfen kann

Nahtodberichte geben glaubhaft Auskunft über ein tatsächliches Geschehen! Diese Überzeugung kann uns in unserer Lebenseinstellung außerordentlich stark helfen. Wo erleichtert sie es uns, bisherige Meinungen und Ansichten positiv zu verändern?

Angstfreier dem eigenen Sterben begegnen

Jetzt geht es wieder um das zentrale Thema dieses Buches, um die Angst bei der Konfrontation mit dem Tod.

Das Erlebnis mit Edeltraut zeigt, dass sich viele Menschen dabei vollständig abkapseln und unansprechbar werden. Für viele ist der Tod schrecklich, geradezu ein richtiges Trauma.[111] Damit wird letztlich nichts anderes als die zentrale Betroffenheit und große Hilflosigkeit der Menschen in der Auseinandersetzung mit diesem Thema offenbar. Wie sollten sie auch mit dieser ungewohnten Situation umgehen? Denn jetzt stehen sie an der Schwelle, völlig neue Wege im Denken zu begehen. Und sie müssen. Unbedingt! Bisherige Erfahrungen, Zukunftsvorstellungen und Lebenseinstellungen gelten nicht mehr. Allerdings ist diese notwendige Veränderung viel einfacher gesagt als getan.

Wie kann man sich aus einer eintretenden Starre herauslösen? Nur dadurch, dass man seine Krankheit annimmt. Die Krankheit akzeptiert als Teil des eigenen Lebens. Auch, dass sie eine persönliche rote Karte ist, indem sie deutlich auf das Ende hinweist. Eine solche Akzeptanz hat wieder etwas mit Angstbewältigung zu tun. Die beiden sind miteinander verbunden und hängen voneinander ab wie ein Geschwisterpaar. Dabei ist Angst oft der große Bruder und Annahme eher die kleine Schwester. In einem Bewältigungsprozess sind beide miteinander verwoben. Und dieser geschieht, wie anfangs gezeigt, nicht auf einmal, quasi mit einem großen Sprung. Nein, nur in den schon erwähnten kleinen Schritten mit den Teilängsten und entsprechenden Teilannahmen.

Es sind genau diese kleinen und wichtigen Schritte, die gegangen werden müssen! Schon der Beginn einer Auflehnung gegen das eigene Schicksal zählt dazu und kann eine Phase der vielschichtigen Auseinandersetzung öffnen. Das Positive an einer Auflehnung gegen die Krankheit und den möglichen Tod ist, dass sie die Starre beendet. Viele aufwühlende Fragen und Stellungnahmen können nun hochkommen. Beispielsweise: „Warum gerade ich?" „Ich will nicht! Ich habe noch so viel vor, nicht jetzt!" Man sitzt mit seiner Krankheit sozusagen am Fenster, schaut hinaus und sieht draußen viele Menschen laufen. „Die sind alle gesund und fröhlich, und ich? Ich bin für immer ausgeschlossen! Das ist ungerecht!" „Der Tod ist fremd, er soll weg!"

Nein, er ist nicht fremd, er gehört zum Leben!

Sich der Angst zu stellen, ihren Aufforderungscharakter zuzulassen und damit die Annahme der Krankheit vorzubereiten, ist der erste große, ja geradezu riesige Schritt auf dem steinigen Weg zum leichteren Sterben. Damit er auch begangen werden kann, genügt nicht nur die persönliche Auseinandersetzung mit der Angst und die anschließende Annahme durch den Patienten. Auch seine Familie und sein persönliches Umfeld müssen unbedingt mitgehen. Es hat keinen Sinn und ist sogar völlig kontraproduktiv, wenn Familienmitglieder den zögerlich beginnenden Annahmeprozess des Kranken durch eigene Verlustängste behindern, verzögern oder sogar unmöglich machen.

Es ist schon einige Jahre her, dass Luigi, ein 16-jähriger gebürtiger Italiener, auf der onkologischen Kinderstation im Krankenhaus lag. Wirklich ein netter und zurückhaltender junger Mann, der gerade eine Ausbildung zum Kraftfahrzeugmechaniker begonnen hatte. Er lebte in einer betreuten Wohngemeinschaft, seine alleinerziehende Mutter wohnte ca. 40 km entfernt in einer kleinen Stadt. Luigi litt an einer schweren Form von Leukämie. Als ich ihn erstmals traf, hatte er gerade erfahren, dass auch seine zweite und damals letztmögliche Transplantation erfolglos war. Man sah ihm seine große Verzweiflung an, denn er wusste ganz genau, was dies bedeutete. Vor ihm lag eine immer größer werdende Schwäche bis zu seinem endgültigen Ende. Das war ihm klar. Für ihn gab es leider keinerlei Hoffnung mehr, nur das Warten auf den Tod.

Er lehnte sich gegen seine Krankheit auf, schrie die Ärzte an, schlug auf das Krankenbett und trat auf seine Infusionsständer ein. Anschließend verkroch er sich in sein Bett, fing an zu weinen und konnte lange nicht aufhören.

Es wurde immer schlimmer mit ihm. Ärzte und Schwestern hatten keine Zeit, sich um ihn zu kümmern. Er war wirklich völlig allein. Die Einsamkeit und Angst konnte man in seinen Augen sehen.

Damals besuchte ich die Krankenstation öfter und bemühte mich, mit Luigi ins Gespräch zu kommen. Langsam begann er zu erzählen. Als er seiner Mutter vor einiger Zeit den Misserfolg der zweiten Transplantation mitgeteilt hatte, reagierte sie unerwartet emotional. Sie eröffnete ihm direkt am Telefon, ihn nicht mehr zu besuchen und auch nicht mehr mit ihm reden zu wollen. Seine Krankheit und sein Leid wären ihr zu viel. Das könne sie nicht aushalten und er müsse allein damit fertig werden.

Für den armen Luigi war dieses Telefongespräch eine totale Katastrophe. Was für eine Mutter!? Als er mir sein Leid mit Tränen in den Augen erzählte, bekam ich eine Gänsehaut. Langsam wurde mir das Ausmaß seiner Verzweiflung klar.

Niemand war da, der ihm die Hand reichte, ihn mit seiner Krankheit und Trauer annahm. Mit ihm über seine Angst redete. Wenn ihn seine Mutter mit seinem Schicksal akzeptiert hätte, wäre es außerordentlich hilfreich für ihn gewesen. Intensiv hatte er sich vorgestellt, dass sie bei ihm am Bett sitzen würde. Ihn trösten, annehmen, bei ihm sein. Auch in schweren Stunden. Aber so? Sterbenskrank und völlig allein, was kann es für ein Kind Schlimmeres geben?

Immer wieder lehnte er sich auf, wollte mit aller noch vorhandenen Kraft sein restliches Leben spüren. Für zwei Stunden durfte er manchmal das Krankenhaus verlassen. Dann tauchte er in das Stadtleben ein. Automaten für Geschicklichkeitsspiele waren seine neue Leidenschaft. Hier genoss er die kleinen und flüchtigen Momente des Glücks. Ganz heimlich fing er an zu rauchen, weil er sich dabei spüren konnte.

Plötzlich kam ihm der Gedanke, seinen Onkel in Italien besuchen zu wollen. Dieser würde ihn sicher mit seiner Krankheit und seinem Alleinsein verstehen. Alle wussten, dass es sehr wahrscheinlich ein letzter großer Wunsch von Luigi war, und bemühten sich, ihn zu realisieren. Also wurden Reiseablauf und Kostenübernahme geklärt und eine medizinische Begleitung für drei Tage organisiert. Aber dann waren seine Blutwerte zu schlecht. Aus!

Er verschloss sich immer mehr, wurde völlig apathisch und rollte sich in seinem Bett zusammen. Schließlich halfen nur noch Opiate gegen seine starken Schmerzen. Man konnte seine angstvollen Augen sehen, wenn er wieder laut nach Morphium rief. Irgendwann nachts starb er dann, allein, geräuschlos, verlassen.

Am nächsten Tag rief mich seine Mutter an, weinte entsetzlich und beschwerte sich über den großen Verlust, den sie mit dem Tod ihres geliebten Sohnes erfahren hätte. Welch unglaubliche Äußerung!

Wie hilfreich wäre es für Luigi gewesen, wenn seine Mutter die Krankheit und sein Sterben akzeptiert hätte. Mit ihr zusammen wäre es möglich gewesen, den langen Weg zur Annahme gemeinsam zu begehen.

Luigi war zu jung, um sich allein mit Angst und Annahme auseinandersetzen zu können. Und er war hilflos, weil ihm nicht geholfen wurde.

Anne-Marie Tausch interviewte viele Krebspatienten in ihrer Auseinandersetzung mit der Angst und Annahme ihrer Krankheit. Einige der Patienten formulierten klar, dass sie keine Krankheit beunruhigen könnte, wenn sie nicht Angst vor dem Sterben hätten.[112] Angst schränkt also die Annahme ein. Oder anders ausgedrückt: Wenn die Angst vermindert ist, gelingt auch die Annahme deutlich leichter. Und die Angstverminderung direkt und als Erstes anzugehen, ist genau der richtige Weg! Dann kann die Annahme quasi automatisch hinterherkommen.

Hier kommen die Nahtoderfahrungen ins Spiel, die nachweislich zur Verringerung dieser Angst beitragen können. Berichte darüber gibt es wirklich und in sogar außerordentlich großem Umfang. Das konnte schon deutlich aus den verschiedenen Erzählungen Betroffener erkannt werden. Weil deren Erfahrung für alle, die sich mit ihrer Angst auseinandersetzen müssen, so außerordentlich wichtig ist, möchte ich die Kraft dieser Nahtoderlebnisse nochmals hervorheben.

Viele „Rückkehrer" berichteten, dass sie ab diesem Moment überhaupt keine Angst mehr vor dem Tod spürten. Sie wüssten nämlich jetzt genau, was beim Sterben passiert und wo es hingeht. Ein Beispiel aus den vielen emotionalen Schilderungen zeigt deutlich, wie diese Angst genommen wird: „Die tiefgreifendste Wirkung für mich ist, dass ich vor dem Tod keine Angst mehr habe. Das ist wahrscheinlich das verbreitetste Ergebnis einer NTE [Nahtoderfahrung]. Zuvor hatte ich große Todesangst. Schmerzen, schwere Schmerzen führten bei mir zu der Reaktion: ‚Das ist mein Eintritt in die Hölle.' Die Schmerzen, die ich ein paar Stunden vor meiner NTE hatte, vermittelten mir diesen Eindruck sehr deutlich. Mit mir ging es abwärts, und ich würde wahrscheinlich nicht mehr wieder hochkommen. Doch seit meiner NTE habe ich überhaupt keine Angst mehr davor. Ich war dort, ich weiß, wonach ich suchen muss, ich habe es gespürt, und tatsächlich freue ich mich [darauf]. Wenn für meinen physischen Körper die Zeit zu sterben gekommen ist, werde ich in etwas hinübergehen, das so jenseits dieser Welt ist, dass es dafür keinen Vergleich gibt."[113]

In einer anderen Stellungnahme kommt deutlich zum Ausdruck, dass das Sterben und der Tod überhaupt nicht mit normalen irdischen Einstellungen und Erlebnissen übereinstimmen: „Als Ergebnis [dieser Erfahrung] habe ich vor meinem natürlichen Tod nur sehr geringe Befürchtungen … denn wenn der Tod auch nur annähernd dem gleichkommt, was ich erfahren habe, dann muss er das Schönste sein, auf das man sich freuen kann, das absolut Schönste."[114]

Ich möchte daher nochmals klar und deutlich wiederholen: Nahtoderlebnisse vermindern deutlich die Angst vor dem Sterben und dem Tod. Kenneth Ring bestätigt dies mit seinen umfangreichen Forschungen eindrücklich, indem er darauf hinweist, dass die starke Angstverminderung tatsächlich zu den lang anhaltenden und dominanten Wirkungen der Nahtoderfahrungen gehört. Allerdings hätten viele Betroffene ihm gegenüber geäußert, dass sie zwar diese Angst vor dem Tod nicht mehr spüren würden, jedoch durchaus noch Angst vor eventuell auftretenden Schmerzen während des körperlichen Sterbeprozesses hätten. Dabei sei ihnen aber bewusst, dass diese nicht in die jenseitige Welt übernommen würden.[115]

Die emotionalen Berichte über Erlebnisse und Erfahrungen im Nahtodbereich kann man zwar lesen und ihren Inhalt auch verstehen, ihn aber für sich selbst zu übernehmen, ist jedoch eine ganz andere Sache.

Im vorliegenden Buch steckt zweifellos ein Aufforderungscharakter, nämlich den riesigen mentalen und emotionalen Schritt tatsächlich auch zu vollziehen. Jetzt über die Akzeptanz der Nahtoderfahrungen hinaus eine Angstfreiheit in die eigene, momentane Lebenssituation zu integrieren. Warum nicht? Dann gelingt die Annahme einer Krankheit jetzt oder später viel besser. Das verzweifelte Kämpfen gegen das eigene Schicksal muss nicht mehr sein.

Ich formuliere es zusammenfassend noch einmal so: Übernehmen Sie die Angstfreiheit der „Zurückgekehrten". Übernehmen Sie die Nahtoderlebnisse als Basis für Ihre eigene Vision! Dann haben Sie es geschafft! Sie wissen ja, wo es letztlich hingeht! Die Angst vor dem Sterben wird bei Ihnen zurückgehen oder ganz verschwinden. Wenn Sie dies sogar schon frühzeitig und ohne medizinische Not verinnerlichen, können Sie sich viel entspannter und angstfreier auf Ihr weiteres Leben konzentrieren!

Welch ein großartiges Geschenk!

Auf eines möchte ich an dieser Stelle hinweisen, so wie es auch im obigen Zitat von Ring formuliert wurde. Ich bin mir bewusst, dass die Angst vor dem Tod klar abzugrenzen ist von der Angst vor dem Sterbeprozess selbst. Also vor der Gefahr des krankheitsbedingten Leidens. Schmerzen können sich außerordentlich stark entwickeln, geradezu unerträglich werden. Beispielsweise nehmen sie bei einigen Krebsarten im Krankheitsverlauf immer weiter zu. Dass Angst und Verzweiflung vor solch einem Lebensende entstehen, ist verständlich. Um hier Hilfe anzubieten, kann man nur auf eine gute palliativmedizinische Begleitung hinweisen. Und die ist wirklich notwendig, zusammen mit einer verständnisvollen ärztlichen Unterstützung. Die Palliativmedizin ist ein außerordentlich wichtiges, sehr großes und ganz eigenes Thema.

Wieder zurück zu den Nahtoderfahrungen und einer weiteren, sehr wichtigen Feststellung. Die sehr positiven Botschaften könnten auch missbraucht werden und zu Überlegungen führen, möglichst schnell in die schöne geistige Welt zu gelangen und das irdische Leid zu verlassen. Ich meine damit, dass Nahtoderlebnisse Selbstmordgedanken provozieren oder unterstützen könnten. Rein logisch ist das zunächst verständlich.

In der Nahtodliteratur sind jedoch klare Hinweise zu finden, dass Selbstmord in der geistigen Welt nicht positiv aufgenommen wird. Raymond Moody konnte einige Menschen interviewen, die nach einem Selbstmordversuch mit Nahtoderlebnis wieder zurückkehrten. Moody wollte wissen, ob dort während ihres kurzen Eintauchens in die geistige Welt zum Selbstmord Stellung genommen wurde. „Alle

Zeugnisse aus dieser Personengruppe stimmen in einem Punkt überein: dass nämlich ihr Selbstmordversuch gar keine Lösung gebracht habe. Sie mussten erleben, dass sie nach wie vor mit genau denselben Problemen konfrontiert waren, denen sie sich durch Suizid zu entziehen versucht hatten. Gleichgültig, was das für eine Sache war, der sie ausweichen wollten – dasselbe Problem bestand weiter auf der anderen Seite und war genauso ungelöst wie zuvor."[116]

Diese Auffassung über die Auswirkung eines Suizids ist auch verständlich. Denn mit einem Selbstmord bereitet man nur seinem physischen Körper ein Ende. Die Seele aber ist unsterblich und verharrt in ihren offenbar ungelösten Aufgaben.

Ähnlich wie Raymond Moody berichtet auch Michael Newton. Einige seiner Klienten hatten sich in einem Vorleben umgebracht und berichteten aus ihren diesbezüglichen Erfahrungen als Seele. Auch sie erzählten sehr engagiert und deutlich, dass ein Selbstmord keine Lösung der Probleme herbeiführt. Ein Klient von Newton spricht dies treffend aus: „Wenn man sich für diese Todesart entscheidet, wie ich es tat, heißt das einfach, dass man später zurückkommen und sich in einem anderen Leben mit denselben Dingen nochmals herumschlagen muss. Durch diesen vorzeitigen Abgang habe ich nur eine Menge Zeit vergeudet."[117]

Allerdings ergänzt Newton, dass dies nicht für einen selbstbestimmten Tod bei außerordentlich starken und nicht mehr therapierbaren Schmerzen gelten würde. Dass man bei einem Selbstmord in der geistigen Welt und im nächsten Erdenleben wieder vor die gleichen Schwierigkeiten gestellt wird, „ist die gewöhnliche geistige Einstellung zum Selbstmord, aber ich möchte hinzufügen, dass diejenigen, die chronischen Schmerzen oder beinahe totaler Invalidität auf der Erde durch Selbstmord entfliehen, als Seelen keine Gewissensbisse haben."[118]

Ich verstehe sehr gut die Gewissensqualen, denen Menschen in schwersten Schmerzsituationen ausgesetzt sind. Darf ich mich selbst davon erlösen oder wird dafür später meine Seele bestraft? Eine sehr, sehr schwierige Frage. Am Ende eines meiner Vorträge über Nahtoderfahrungen nahm mich eine ältere Dame auf die Seite und wollte genau zu diesem Thema mehr wissen. Es ging ihr sichtbar schlecht und ich konnte ihren Schmerzzustand unmittelbar erkennen. Sie wolle ihr Leben selbstbestimmt beenden und deshalb zu Dignitas *in die Schweiz gehen, wisse aber nicht, ob dies für ihre Seele gut oder schlecht sei. Und was ich dazu sagen würde. Hoffentlich fand ich für sie die richtigen Worte.*

Sterbebegleitung und Hospiz

Sterbebegleitung ist wichtig und anstrengend. Es geht im Wesentlichen um die psychische Hilfe und Unterstützung eines Sterbenden in seiner letzten Zeit vor dem Tod. Sie hat nichts mit Sterbehilfe zu tun, sondern eher mit einer Lebenshilfe. Eine Hilfe, die letzte Zeit so gut und würdevoll wie möglich erleben zu können.

Eine grundsätzliche Frage für die Sterbebegleitung besteht darin, zu klären, was genau unter dieser letzten Zeit verstanden wird.

In einer Podiumsdiskussion zum Thema „Sterben bei Kindern" an der Universität Tübingen wurde ich gefragt, wann aus meiner Sicht mit der Sterbebegleitung anzufangen sei. Ohne zu zögern antwortete ich: „Direkt nach der entsprechenden Diagnosestellung."

Obwohl diese Antwort nicht von allen Teilnehmern des Diskussionsforums angenommen wurde, bin ich persönlich ganz klar der Meinung, dass mit der Begleitung direkt nach einem Ereignis begonnen werden sollte, das dem Betroffenen sein mögliches Sterben offenbart. Dies kann eine plötzlich eintretende, lebensbedrohende Situation sein, zum Beispiel ein Unfall oder Herzinfarkt. Oder auch die überraschende Diagnose einer anderen, außerordentlich schweren Krankheit.

Meine Auffassung, dass Sterbebegleitung zum Zeitpunkt der Diagnosestellung beginnen sollte oder eigentlich sogar muss, ist unüblich. Ich konnte den Gegenwind zu dieser These schon mehrfach spüren. Am Beispiel einer Krebserkrankung möchte ich jedoch erklären, wie sinnvoll dies sein kann. In aller Regel besteht bei Krebs eine größere zeitliche Distanz zwischen der Erstdiagnose und dem tatsächlichen Sterbeprozess. Dass man später tatsächlich an dieser Krankheit sterben wird, ist allerdings nicht sicher. Es wäre möglich, dass man durch eine moderne, hochwirksame Krebstherapie von der Krankheit geheilt wird. Die Diagnose steht also fest, der Therapieerfolg ist jedoch offen. Aus dieser unklaren Situation leitet sich die vorherrschende Meinung über Sterbebegleitung ab. Man glaubt, wenn der Krankheitsverlauf positiv enden könne, brauche man sich auch nicht gleich mit dem Sterben zu beschäftigen. Also eine klare Meinung: „business as usual" – so tun, als ob nichts Besonderes geschehen wäre, und dem Patienten muss dann nur gut zugeredet werden! Das genügt!

Aber wie fühlt sich der Patient dabei? Bleibt bei ihm auch alles gleich? Vor der überraschenden Diagnose glaubte der Betroffene, weitgehend gesund zu sein, und sein Denken war normal. Also ging er seinen üblichen täglichen Tätigkeiten nach. Und jetzt, nach der Diagnose? Immer noch gleich?

Nein, mit der Diagnosestellung drängt sich in diese Normalität ganz gewaltig die Angst vor dem Sterben hinein. Auch wenn die statistische Überlebenswahrscheinlichkeit bei der diagnostizierten Krebsart vielleicht bei 70 % liegt. Aber 70 % sind eben nur 70 % und keine 100 %. Es könnte ja sein, dass die letzten 30 % Wirklichkeit werden. Man weiß es eben nicht. Die Angst kommt automatisch, stärker oder schwächer, aber sie kommt! Verlassen Sie sich darauf!

Also denkt der Betroffene ab dem Moment der Diagnose nicht mehr normal, sondern anders. Angstvoller. Für mich bedeutet Sterbebegleitung daher, sich bereits ganz früh mit den Gedanken des Betroffenen zu seinem möglichen Sterben und der Angst davor auseinanderzusetzen. Der erste Schritt dazu besteht darin, den Patienten anzunehmen. Sein aktuelles Fühlen, Denken und seine Angst.

Einfach zuzuhören und ihn manchmal überhaupt erst zum Reden zu bringen. Bei der Auseinandersetzung mit dem Tod kommt für mich natürlich vorrangig eine Diskussion über Nahtoderfahrungen infrage, weil sie dafür prädestiniert sind. Es kann jedoch auch jede andere Vision sein, die der Betroffene möglicherweise schon verinnerlicht hat und die daher für ihn hilfreich ist.

Allerdings darf man dem Kranken in dieser schwierigen Lebensphase Hilfsangebote nicht unachtsam überstülpen. Er muss bereit dazu sein, vielleicht sogar signalisieren, darüber reden zu wollen. Ein Herantasten von beiden Seiten ist schwierig, aber notwendig und einfühlsam machbar.

Sollte sich dann glücklicherweise herausstellen, dass die gestellte Diagnose doch nicht einen so ausgeprägt finalen Charakter hat oder die Krankheit durch eine gute Therapie beseitigt werden kann, dann ist ja alles in Ordnung. Aber die Angst wurde auf jeden Fall zunächst gespürt und es schadet überhaupt nichts, über sie und mit ihr zu sprechen. Dies ist eine gute Vorbereitung, wenn es tatsächlich später ernst wird.

In einer Sterbebegleitung über Nahtoderlebnisse zu reden, muss in einer Zeit erfolgen, in welcher der Patient diese Vorgänge intellektuell noch versteht. Wenn die verschiedenen Inhalte wie Ruhe, Schmerzfreiheit, Licht, Tunnel, Abholung durch Verwandte, Lebensrückschau und vor allem die Unsterblichkeit der Seele voll inhaltlich aufgenommen und verinnerlicht werden können, ist es gut. Dann besteht in späteren Zeiten, in denen das Bewusstsein langsam schwindet, die Möglichkeit, quasi wie Codewörter nur kurz einzelne Eindrücke anzusprechen, zum Beispiel: „Das Licht kommt." „Du wirst abgeholt." Wenn dann noch der Begleiter die Hand des Sterbenden hält, können Ruhe und Frieden vermittelt werden.

Grundvoraussetzung zur wirksamen Einbindung von Nahtoderfahrungen in die Sterbebegleitung ist allerdings, dass nicht nur der Patient, sondern auch der Begleiter davon überzeugt ist. Er muss sich in diesen Bildern und Abläufen auskennen. Eine nur aufgesetzte Meinung des Begleiters würde der Patient schnell durchschauen. Sterbende sind sensibel, wissen über ihren eigenen Zustand mehr, als der Begleiter ahnt, und dürfen nicht angelogen werden. Sonst läuft man Gefahr, das subtile und wichtige Vertrauensverhältnis zwischen beiden zu zerstören.

Ob, wie und in welchem Umfang eine Sterbebegleitung überhaupt durchgeführt werden kann, hängt stark davon ab, wo sie stattfinden soll. Wenn ein Patient nach einem plötzlichen Ereignis, zum Beispiel Unfall oder Herzinfarkt, ins Krankenhaus eingeliefert wird, kann dort meistens keine oder nur in geringem Umfang eine Sterbebegleitung durchgeführt werden. Ärzte und Pflegepersonal sind derart überfordert, dass sie keine Zeit dazu haben. Hier springt dann fallweise die Klinikseelsorge ein. Auch Angehörige sind in aller Regel überfordert, eine Sterbebegleitung zu übernehmen. Sie können oder dürfen oft nur ganz eingeschränkt den Patienten besuchen. Leider ist der Tod im Krankenhaus fast normal, denn ca. 50 % der Sterbefälle in Deutschland finden dort statt. Keine guten Voraussetzungen für eine Sterbebegleitung.

Zu Hause in der gewohnten Umgebung sterben zu können, ist ein großer Wunsch vieler schwer kranker Menschen. Hier besteht auch die beste Möglichkeit für eine gute Sterbebegleitung. Leider geht dieser Wunsch nicht oft in Erfüllung.

Dazu bräuchte es beispielsweise auch Mediziner im Krankenhaus, die mit dem Leben und Sterben verständnisvoll umgehen. Und dem Patienten irgendwann sagen, dass es keine Heilungschancen mehr gibt und er doch in Ruhe nach Hause gehen solle. So bewusst zu handeln, ist für viele Ärzte schwierig. Viel einfacher ist es, weitere Untersuchungen anzuordnen, zum Beispiel ein wiederholtes oder zusätzliches Röntgen, MRT oder CT, die dann eigentlich nur bestätigen, dass der Patient demnächst sterben wird. Oder es wird sogar noch eine allerletzte Operation vorgenommen. Ja, und sie hat der Patient dann leider nicht überlebt. So ein Pech! Aber es hätte ja vielleicht noch eine ganz, ganz, ganz geringe Chance bestanden! Ein solches Denken ist letztlich würdelos. Dem Menschen und dem Leben gegenüber. Wir müssen wirklich in aller Konsequenz begreifen, dass dieses Leben endlich ist.

Lisa, eine gute Bekannte meiner Frau, litt an Darmkrebs im sehr weit fortgeschrittenen Stadium. Der behandelnde Oberarzt im Krankenhaus schlug eine Operation vor, um die kranken Teile im Darm zu entfernen. Da auch noch weitere Organe mit Metastasen befallen waren, fragte ich Lisa, ob sie damit einverstanden wäre, vor der angedachten Operation eine zweite Expertise von einem mir bekannten Onkologen eines anderen Krankenhauses einzuholen. Sie willigte ein, genauso wie das Krankenhaus, und ich ging zu diesem Arzt mit allen Unterlagen, die mir das Krankenhaus geben konnte. Er analysierte sie, sah mich an und sagte: „Ich würde diese Operation nicht mehr machen. Sie bringt nur Qual und Leid, wird aber nicht helfen. Begleiten Sie Ihre Bekannte nach Hause und halten Sie ihre Hand, damit sie in Ruhe sterben kann." Die Antwort bedrückte mich, aber sie war klar und vor allem würdevoll. Ich teilte dem Oberarzt die Stellungnahme des Onkologen mit. Er wurde ganz ruhig und sagte nur: „Welchen Mut mein Kollege doch hat!" Lisa jedenfalls ließ sich nicht mehr operieren. Dadurch wurden ihr viel unnötige Anstrengung, Unruhe, Schmerzen und Angst erspart. Dafür erhielt sie als Geschenk eine kurze, bewusst erlebte und gestaltete Lebenszeit.

Zu Hause sterben zu wollen, ist zwar ein schöner Wunsch, in der Realität aber nicht immer einfach. Die letzten Stunden sind manchmal von vielen Formalien überschattet, wenn beispielsweise doch noch einmal der Notarzt gerufen werden soll und keine gute Patientenverfügung vorliegt. Dann kann dieser letztlich eine erneute Einweisung ins Krankenhaus verfügen, auch wenn der Patient dies eigentlich nicht mehr will. Man muss in der entstehenden Diskussion schon sehr stressstabil sein und viele Papiere unterschreiben, um trotzdem zu Hause bleiben zu können.

Im stationären Hospiz zu sterben, ist für viele Betroffene eine gute Lösung. Denn hier wissen alle, worum es letztlich geht, und kennen sich in den Nöten und Ängsten der letzten Wochen und Tage aus. Bei Krankheiten wie Krebs oder Aids ist der Aufenthalt meist längerfristig, sodass sich hier genügend Gesprächsangebote ergeben.

Ab und zu entsteht die außerordentliche Möglichkeit, dass schwer kranke Menschen über ihr Warten auf das Sterben hinaus noch in der Lage sind, dort eine gewisse aktive Gemeinschaft zu bilden. So weit wie eben möglich. Alle haben das gleiche Schicksal vor sich und die Betreuer sind darauf eingestellt. Und da bei den im Hospiz lebenden Patienten das eingegrenzte Denken und die Schranken des normalen Lebens genommen sind, kann in diesem Zusammenleben manchmal sogar der Ernst der Situation durchbrochen werden.

Gaby Abeldt beschreibt eine solche hospizliche Begleitung in einer Wohngruppe für Menschen mit geistiger Behinderung. Mit der sterbenden Bewohnerin wurde die eigene Trauerfeier vorbereitet. Hierfür wollte sie „Sekt für alle!" So wurde eine vorgezogene (Trauer-) Feier für die Sterbenskranke organisiert. Familie, Mitbewohner und Freunde kamen und es entstand plötzlich ein schöner und vor allem befreiender Nachmittag. Zum Schluss bedankte sich die im Zentrum stehende Schwerkranke für das Kommen der Gäste zu diesem besonderen Anlass. Einige Tage später starb sie wohlbegleitet.[119]

Wie bereits erwähnt, kann ich aus eigener Erfahrung die positive, angstnehmende Wirkung von Nahtodberichten in der Sterbebegleitung nur bestätigen. Bei mehreren Vorträgen vor Hospizmitarbeitern stellte ich deren große Aufnahmebereitschaft für das Thema fest und konnte ein deutliches Interesse an einer weiteren, intensiven Auseinandersetzung damit spüren.

Trost in der Trauer

Trauer ist sicher eine der tiefgreifendsten und stärksten menschlichen Emotionen. Nach dem Tod eines geliebten Menschen möchte man schreien, an der Welt verzweifeln. Viele ziehen sich in ihr Innerstes zurück und erstarren in der Abgeschiedenheit. Lebensfreude bleibt dann ein Fremdwort.

Die Trauerexpertin Verena Kast beschreibt sehr eindrücklich diese Auswirkungen, die der Verlust eines geliebten Menschen für die Betroffenen haben kann. Vor allem die tiefe emotionale Erschütterung und der Wegfall des Vertrauten bestimmen das Denken und die Gefühle. Der Tod dominiert alles.[120]

Alles ist plötzlich weg und es wird intensiv und verzweifelt gesucht, wo noch ein Stückchen Erinnerung an die Gemeinsamkeit besteht. Greifbare Tatsachen und Gegenstände, die in der Vergangenheit wichtig waren. Jetzt aber sind sie ein Symbol des Alleinseins. Die verhinderten Abschiede stabilisieren die Schockstarre, verhindern eine Entwicklung. Eine Frau, die den plötzlichen Tod ihres Mannes verarbeiten musste, beschreibt sehr emotional diese verzweifelte Lage, in der sie sich befand: „Ich weiß ja nun, wie der Tod selbst dem Belanglosen Bedeutung verleihen kann. Jedes noch so banale Zettelchen, auf dem du eine Notiz gemacht hattest, bekam neuen Wert auch, weil es in sich die Gewissheit deiner Existenz trug, die alltäglichen Gegenstände, die du berührt hast, benutzt hattest, der Stuhl, das Buch, die Tasse, die Zahnpastatube, die Bürste, in der sich noch Haare fanden, die Kleider, die Uhr, die Brille, alles war vom Schatten des Todes überzogen und erfuhr dadurch eine höhere, schmerzliche Wertigkeit."[121]

Bei diesem Zitat begreift man schnell, wie sich der Trauernde vom Leben ausgeschlossen fühlt und keinen Weg aus der Isolation findet. Die vertrauten Orte, Handlungen und gemeinsamen Rituale werden zur Qual. Sie stoßen den einsamen Menschen geradezu auf seine Verlassenheit hin. Man vergleicht das jetzige Leben mit den gemeinsamen Erlebnissen: „Früher saßen wir beisammen, und jetzt? Früher gingen wir gemeinsam im See schwimmen, und jetzt? Früher gingen wir gerne zusammen in die Stadt, auf den Markt, in ein Restaurant. Es war immer schön mit dir, und jetzt?"

Die Hilflosigkeit, mit dem Verlust und der Trauer umzugehen, kann so weit reichen, dass der Tod sogar regelrecht gehasst wird. Oder dass sich der Hass gegen denjenigen richtet, der gestorben ist.

Ja, ich weiß. Aus eigener Erfahrung kenne ich den totalen Gefühlswirrwarr der Trauer. Oft verbunden mit einer Verstärkung der negativen Empfindungen. An manchen Tagen kann man einfach nicht mehr klar denken und wird von ihr überrannt.

Trauer muss sein, das ist schon klar. Aber wenn die trauerbedingten Lähmungen zu stark werden oder zu lange dauern, sage ich: Stopp! Das ist der falsche Weg!

Den richtigen Weg zu finden, ist allerdings schwer. Eine Fülle von Büchern, Seminaren, Selbsthilfegruppen und Vorträgen wird zur Trauerbewältigung angeboten. Aber sie vernachlässigen meistens den großen Einfluss und die enorm große Hilfe, die Nahtoderfahrungen auf die Trauerbewältigung ausüben können.

Um diesen Weg aufzeigen zu können, nehme ich aus den vielen Schmerzgefühlen einen großen Bereich heraus. Er befasst sich mit der quälenden Frage: „Wo ist jetzt der geliebte Mensch?" „Geht es ihm gut?" „Hat er immer noch so schreckliche Schmerzen?" „Er ist jetzt weg, ist er auch völlig ausgelöscht?"

Aus den Berichten über Nahtoderlebnisse ist hierauf eine eindeutige Antwort zu finden: Dem verstorbenen Menschen geht es gut. Wirklich gut! Er fühlt sich in der geistigen Welt wohl, seine Seele lebt dort weiter. Er ist nicht ausgelöscht. Er lebt, allerdings an einem nicht erreichbaren, weit entfernten Ort. Aber er lebt, kann jedoch keinen Kontakt aufnehmen, auch wenn er es dringend wollte!

Um mit solchen Antworten eine Verringerung der Trauer zu erreichen, muss man nur die Nahtoderfahrungen akzeptieren und verinnerlichen. Mehr nicht. Und dann gelingt es ganz einfach. Ein großer Trost!

Die Amerikanerin Ganga Stone, die sich intensiv mit Nahtoderlebnissen und dem Sterben auseinandergesetzt hat, beschreibt die nahtodbasierte Akzeptanz des Todes und den Umgang mit Trauergefühlen in einem sehr emotionalen Bild, das einen wichtigen Weg aus der Isolation aufzeigt: „Stellen Sie sich vor, ein geliebter Mensch – Ihr Sohn oder Ihre Tochter, Ihr Ehepartner oder Lebensgefährte, Ihr Bruder oder Ihre Schwester, Ihr bester Freund oder Ihre beste Freundin – hat eine entscheidende Beförderung erhalten, die jedoch von ihm/ihr verlangt, umzuziehen … an einen anderen, weit entfernten, aber wundervollen Ort, viele Zeitzonen entfernt.

Gemeinsam bereiten Sie sich seit Wochen darauf vor. Sie haben all der schönen Augenblicke gedacht und alle bisher unerledigt liegengebliebenen Angelegenheiten zu Ende gebracht. Dann packen Sie zusammen, und Sie beladen das Auto. Schließlich befinden Sie sich auf dem Weg zum Flughafen, Ihre Herzen sind voll – alles ist bereits gesagt worden –, Sie sind still und voller Frieden.

Nun wird der Flug aufgerufen. Vor der Passkontrolle umarmen Sie sich ein letztes Mal. Tränen sammeln sich in Ihren Augen. Sie werden einander keine Briefe schreiben – Sie beide wissen das. Und nach ein oder zwei Telefonanrufen wird jeder von Ihnen sich in seinem neuen Leben einrichten – ein Leben, das den anderen nicht einschließt. So wird es sein. In Ihrem Auto auf dem Weg nach Hause sind Sie voller Gefühle. Ihr Herz fühlt sich schwer an, denn dies ist kein Tag wie jeder andere. Heute sind Sie sich mehr als an jedem anderen Tag, den Sie mit diesem Menschen verbracht haben, der tiefen Gefühle bewusst, die Sie für ihn hegen.

Er ist ein ganz besonderer Mensch, so liebenswert. Und Ihre gemeinsame Zeit war so schön. Gerade jetzt scheint er Ihnen in seiner einzigartigen Individualität besonders klar vor Augen zu stehen – jede Facette seiner komplizierten Persönlichkeit erstrahlt vor Ihrem inneren Auge. Ihr Herz fließt über vor einem besonderen Gemisch aus Liebe und Sehnsucht. Sie werden ihn furchtbar vermissen. Aber Sie werden nicht weinen, denn Sie wissen, dass der geliebte Mensch in einem Flugzeug … sitzt. Er ist nicht ausgelöscht worden. Er lebt, und es geht ihm gut. Ihre trübe Stimmung in den folgenden Stunden, Tagen oder Wochen ist ein vorübergehender, zeitlich begrenzter Zustand, den man Melancholie oder Traurigkeit nennt."[122]

Auch mir persönlich haben die Berichte über Nahtoderfahrungen sehr geholfen, die Trauer um meinen verstorbenen Sohn zu bewältigen. Denn ich fühlte in der Zeit nach seinem Tod und auch später ganz intensiv, dass er – dass seine Seele – lebt und es ihm gut geht. Er war für mich da, ich konnte ihn nur nicht mehr anfassen, seine Hand halten. Er war und ist in mir. Welch ein wohltuendes Gefühl. Keine Trauer mehr.

Im Anschluss an einen meiner Vorträge schrieb eine Zuhörerin mir eine Mail: „Vielen Dank noch mal für Ihren hochinteressanten Vortrag über Nahtoderlebnisse. Das hat mir gut getan. Danach fühlte ich mich ganz leicht. Auch meine Trauer ist nicht mehr so schwer …“

Ist die Hilfe der Nahtoderfahrungen nicht großartig?

Sie ermöglichen einen großen Trost in der Trauer. Es verbleibt jedoch das Alleinsein, der Abschied. Der schmerzhafte Abschied als Preis für eine liebevolle Begegnung. Und ihn zu bewältigen und ein neues Leben aufzubauen, ist schon schwer genug.

8

Nahtoderfahrungen und ihre verändernde Kraft

Viele Menschen, die Nahtoderfahrungen hatten, bezeichnen sie als das allerwichtigste Ereignis in ihrem Leben. Allerdings können sie ihre Stärke erst dann entfalten, wenn man vollinhaltlich zu diesen Erlebnissen steht. Die Annahme dieser besonderen Wahrnehmungen bietet also den mächtigen Schlüssel zur möglichen Veränderung des eigenen Lebens. Und genau darum geht es jetzt. Ich möchte auf diese große Kraft der Nahtoderfahrungen in zwei besonders wichtigen Bereichen näher eingehen.

Zuerst gehe ich auf die Erlebnisse selbst ein. Was wurde von den Betroffenen als wichtigste, größte und einflussreichste Wahrnehmung empfunden? Gibt es sogar eine Kernbotschaft der Nahtoderfahrungen?

Der zweite Bereich wendet sich den zurückgekehrten Menschen zu. Konnten diese besonderen Erlebnisse in ihnen etwas auslösen? In ihrer Lebensauffassung und ihrem generellen Umgang mit dem Leben? Wurden etwa deutlich sichtbare und dauerhaft wirkende persönliche Veränderungen angestoßen?

Im Zentrum steht die Liebe

Wenn man fragt, welches Erlebnis aus den Nahtodwahrnehmungen die wichtigste und kraftvollste Erfahrung mit der höchsten emotionalen Wirkung ist, sind die Betroffenen klar einer Meinung. Ohne zu zögern. Es ist das schon beschriebene Licht, über das nicht intensiv genug berichtet werden kann. Und genau wegen dieser überaus großen Wichtigkeit möchte ich die Begegnung mit dem Licht und ihre Folgen für das Leben nochmals zusammenführend und ausführlich darstellen.

Es ist das Licht. Dieses immer stärker werdende, grenzenlose Licht, das langsam aber sicher zum absolut dominanten Ereignis für die Seele wird und dort in das Zentrum der Empfindung rückt. Ein Licht, hell und warm mit ungewohnt großer Kraft. Zu ihm wird sogar eine richtige persönliche Beziehung empfunden, denn sie, die ankommende Seele, steht nun im Mittelpunkt. Aber das Licht ist nicht nur Licht, es ist viel mehr. Eine wohltuende Wärme und eine grenzenlose Liebe gehen von ihm aus, von denen die Seele geradezu eingehüllt wird. Vollkommen vom Licht angenommen, fühlt sie sich in ihm geborgen und wird bis zur völligen Verschmelzung von ihm angezogen. Nun ist die Seele an einem Ort, der großartiger und schöner nicht beschrieben werden kann. Sie fühlt sich wohl und will dort bleiben. Für immer.

Die meisten der zurückgekehrten Menschen sind sich völlig darüber einig, dass dieses Licht personalisiert ist, also ganz offensichtlich ein lebendes Wesen, ein Lichtwesen ist.

Die Begegnung mit ihm und seiner umfassenden Liebe wird als das großartigste Erlebnis beschrieben, das die zurückgekehrten Menschen jemals in ihrem Leben empfunden haben. Und die kraftvolle, bedingungslose Liebe, die von ihm ausgeht, stellt für sie die allerwichtigste, dominante Kernbotschaft der Nahtoderlebnisse dar. Mit dem Bericht einer Frau, der Kenneth Ring den Namen Peggy gab, möchte ich die große Wirkung dieses Lichterlebnisses auf die

Betroffenen nochmals beschreiben: „Ich erinnere mich lebhaft daran, wie das Licht einen Strom reiner, unverfälschter, konzentrierter und bedingungsloser Liebe sozusagen einschaltete. Diese Liebe, die ich im Licht erfuhr, war so machtvoll, dass man sie nicht mit irdischer Liebe vergleichen kann, obgleich diese eine abgeschwächte Version davon ist. Als dieser Strom reiner Liebe durch mich floss, kam es mir vor, als würde das Licht gleichzeitig sagen: ‚Ich liebe dich *vollkommen*, so, wie du bist, und *weil du bist*.‘

Da begann ich heftig zu schluchzen, denn ich hatte das Gefühl, so viel reine Liebe nicht zu verdienen, weil ich zu viel falsch gemacht hatte. Aber während ich diese schreckliche Traurigkeit und diesen schmerzlichen Unwert spürte, fühlte ich auch die Liebe des Lichts. Es hörte nicht auf, mich zu lieben, und ich werde nie den Eindruck vergessen, den es auf mich machte. Ich dachte: Hier ist mehr Liebe als sonst etwas … Es war, als würde ich in Energieteilchen aus reiner Liebe gebadet. Und während diese strahlende, energiespendende Liebe mich durchströmte, wusste ich, wenn auch nur für ein paar Sekunden, dass ich vollkommen eins war mit dem Licht. Ich wusste, dass nichts mehr falsch war. Nichts! Ich dachte oder fühlte keine Perfektion in diesen Augenblicken – *ich war perfekt*. Ich war nicht nur im Licht. Ich wurde zum Licht. Ich wurde alles gleichzeitig!“[123]

Diese großartige Liebe mit richtigen und treffenden Worten zu beschreiben, fällt den zurückgekehrten Menschen sichtlich schwer. Unsere Sprache verfügt auch für diese Wahrnehmung im Nahtodbereich über keine entsprechenden Worte, da mit ihnen nur Eigenschaften und Situationen beschrieben werden können, die auf der Erde erlebbar sind. Eine derartig voluminöse Liebe gehört offensichtlich nicht dazu.

Das Licht offenbart sich nicht nur ganz persönlich den Seelen der verstorbenen Menschen und baut eine Beziehung zu ihnen auf, sondern wird darüber hinaus von vielen als weltumspannende und spendende Kraft des gesamten Lebens empfunden. Zentrum der Liebe, der Energie und des Wissens, dessen machtvolles inneres Wesen oft mit religiösen Vorstellungen und Worten beschrieben wird.

Ginny Rivers, eine Frau aus Florida, beschreibt sehr eindrücklich vor allem die gespürte Kraft des Lichtzentrums in ihrem umfangreichen Erlebnis am Rande des Todes: „Ein Licht, eine Schönheit, die von innen unendlich in alle Richtungen strahlte und jedes Atom des Daseins berührte. Die Harmonie von Farbe, Form und Melodie hatte hier im Licht ihren Ursprung. Es war Gott, seine Liebe, sein Licht, sein essenzielles Wesen, die Kraft der Schöpfung, die bis an die Enden der Ewigkeit ausstrahlte … und sich als ein pulsierendes Leuchten der Liebe mir entgegenstreckte, um mich ‚nach Hause' zu bringen."[124]

Nicht nur der Kontakt mit dem Lichtwesen stellt für die ankommenden Seelen ein besonderes Ereignis dar, sondern auch seine vermittelten Botschaften und Wertvorstellungen. Vor allem die Einsicht in das eigene Leben und die Bedeutung der Liebe kommen bei vielen Zurückgekehrten zum Ausdruck. Oft kann man auch bei ihnen eine große Dankbarkeit erkennen, diese Liebe in der geistigen Welt kennengelernt zu haben. Peggy hat aus ihrer Lichtbegegnung für ihr Leben gelernt: „Es ist meine Lebensaufgabe geworden, mich diesem Licht irgendwie dafür erkenntlich zu zeigen, dass es zu mir gekommen ist und mir seine Liebe offenbarte, als ich es am meisten brauchte. Ich glaube, das wird mich mein Leben lang beschäftigen. Mein ‚altes Ich' ist Vergangenheit; ich entdecke jeden Tag aufs Neue mein ‚neues Ich'. Ich weiß nicht, was die Zukunft bringt, aber ich werde mein Bestes tun, um für Veränderung und Wachstum offen zu bleiben. Ich weiß, dass ich wahrscheinlich den Rest meines Lebens damit verbringen werde, mich in der einen oder anderen Weise dem zu fügen, was an jenem Tag im August mit mir geschah. Aber ich möchte um nichts in der Welt, dass es anders wäre! Es wird mich immer begleiten, und ich hoffe, dass ich es einmal mit anderen teilen kann."[125]

Immer wieder gibt es in den Erzählungen der zurückgekehrten Seelen intensive Hinweise darauf, dass die in der geistigen Welt empfundene Liebe nicht nur dort gilt. Das Lichtwesen gab vielmehr den Seelen vor ihrer Rückkehr ins menschliche Leben einen konkreten Auftrag, Liebe auf der Erde nach ihren Möglichkeiten auszuleben. Ein Auftrag für das Leben in Liebe! Also Liebe nicht nur zu nehmen, sondern auch zu geben.

Eine solche Aufforderung gilt nicht nur für diejenigen Seelen, die aus dem kurzen Aufenthalt in der Todeszone wieder in ihr menschliches Leben zurückkehren müssen. Nein, sie besteht wohl schon mehr oder weniger unbewusst für unser gesamtes Erdenleben. Quasi als Auftrag von Geburt an. Liebe als beständige Lebensgrundlage! Viele Betroffene spürten in der oben bereits beschriebenen Lebensrückschau, in welchen Situationen sie Liebe gegeben oder vorenthalten hatten. Das folgende Zitat unterstreicht nochmals die Wichtigkeit der aktiv gebenden und empfangenden Liebe: „Es [das Lichtwesen] wollte mir mit jedem dieser Rückblicke etwas zeigen. Es ging ihm nicht darum, zu erfahren, was ich in meinem Leben getan hatte – das wusste es bereits –, sondern es suchte ganz bestimmte Ereignisse aus und führte sie mir vor, damit ich sie wieder frisch im Gedächtnis hätte.

Es betonte immer wieder, wie wichtig die Liebe sei. Am deutlichsten zeigte es mir das an den Stellen, an denen meine Schwester vorkam, zu der ich immer ein sehr enges Verhältnis gehabt hatte. Erst führte mir das Wesen einige Beispiele vor, wo ich mich ihr gegenüber selbstsüchtig verhalten hatte, dann jedoch auch genauso viele Male, wo ich liebevoll und freigebig gewesen war. Es erklärte mir, ich solle versuchen, auch an andere zu denken und mich dabei nach Kräften bemühen. All das enthielt jedoch nicht den geringsten Vorwurf. Zu den Vorfällen, bei denen ich egoistisch gehandelt hatte, meinte das Wesen nur, dass ich auch aus ihnen gelernt hätte.“[126]

Aus der Kommunikation mit dem Lichtwesen ergibt sich also eine ganz bedeutende, geradezu fundamentale Erkenntnis: Liebe hat für unser Erdenleben offensichtlich eine viel größere Bedeutung, als wir uns dies normalerweise vorstellen. Sie ist der wichtigste Lebensantrieb überhaupt und sollte ein viel deutlicherer und wichtigerer Maßstab für unsere täglichen Handlungen sein.

Liebe ist ein Auftrag für unser ganzes Leben!

Nahtoderfahrungen geben mir Kraft, mein Leben zu verändern

Nun rücken die betroffenen Menschen und ihre Reaktionen auf die Wahrnehmungen in den Mittelpunkt. Was wird bei ihnen durch eine Nahtoderfahrung ausgelöst? Wie gehen sie mit ihren Erlebnissen um? Und vor allem rückt in den Vordergrund, wie sie überhaupt zu ihren Nahtoderlebnissen stehen. Es ist, wie schon erwähnt, überhaupt nicht selbstverständlich, sie innerlich zu akzeptieren. Für viele Betroffene ein großes Problem.

Eine fehlende Annahme verhindert die Kraftentfaltung der Erlebnisse. Sich hier zu sperren, ist durchaus verständlich. Die Betroffenen befinden sich nach ihrer Rückkehr in den physischen Körper häufig in einer extremen Situation. Die meisten liegen in einem Krankenbett oder auf einem Operationstisch und wachen langsam aus ihrer Bewusstlosigkeit auf. Kaum sind sie wieder in der normalen Welt angekommen, stürzt diese Welt intensiv und ungebremst auf sie ein. Viele spüren wieder die grässlichen Schmerzen, die sie schon vor ihren außerordentlichen Erlebnissen hatten. Nur in der Zwischenzeit, während dieser besonderen Wahrnehmungen, ging es ihnen ohne Einschränkung gut. Dort waren sie eingehüllt in wohltuende Liebe und Wärme. Und jetzt? Alles vorbei! Alles genauso schrecklich wie früher! Verzweiflung kommt auf. Wo ist nur diese schöne Welt geblieben, in der sie sich gerade noch befanden?

Ein deutliches Beispiel für diesen Gefühlswirrwarr nach der Aufwachphase beschreibt ein Mann: „Bevor ich mich umdrehen und in das himmlische Licht eintauchen kann, sehe ich rechts auf meinem Rücken eine schlanke Hand, die mich von der Schulter bis zur Taille fasst. Kräftig, aber dennoch liebevoll drückt mich diese große Hand zurück in meinen Körper. Kurz kommt es mir so vor, als würde ich in der Luft einige Saltos schlagen. Und ich merke, wie ich wieder in meinem Körper lande. Wieder bei dem Schmerz, dem ohrenbetäubenden Geschrei und den Ohrfeigen des Arztes. Ich bin wütend, unsagbar wütend! Und ich weiß nicht, ob ich all die Beleidigungen, die mir in dem Moment durch den Kopf gingen, wirklich laut ausgesprochen habe … Ich glaube schon, denn ich fühlte mich danach irgendwie erleichtert. Nie zuvor hatte ich eine Wut gespürt, die mit dieser Raserei vergleichbar war …“[127]

Alles völlig diametral! Einerseits der bekannte und stark schmerzende Körper, andererseits die Erinnerung an eine fantastische andere Welt. Mitten in einem solchen Gefühlschaos sind viele Betroffene zunächst überfordert. Zweifel werden hochgespült. Hat dies nun alles tatsächlich existiert oder nicht? Und eine Frage rückt immer stärker in den Vordergrund, nämlich, wie sie ganz persönlich damit umgehen sollen. Zögerlich beginnen manche, mit Ärzten und Pflegern über ihre besonderen Erlebnisse zu reden, meist mit niederschmetterndem Erfolg. Keine Annahme, kein Trost, keine Freude. Eher der Hinweis, doch lieber Beruhigungsmittel einzunehmen. Auch Partner und Familie stehen den Erlebnissen meist hilflos gegenüber und können oder wollen keine Hilfe oder vorurteilsfreie Annahme anbieten. Es scheint alles sehr, sehr fremd und unglaubwürdig zu sein.

Diese problematische Nichtannahme und ausweglose Hilflosigkeit beschreibt eine Frau sehr deutlich. Um einen Ansprechpartner für ihre Nahtoderlebnisse zu haben, ging sie im Krankenhaus zu zwei Seelsorgern. „Pfarrer X und Pfarrer Y haben irgendwie ‚abgewiegelt‘ – verstehen Sie? Sprich nicht darüber, sprich lieber nicht darüber. Und als ich es einer Schwester im Krankenhaus gegenüber erwähnte, war ihr Reaktion … sehr negativ. Sie sagte: ‚Sprechen Sie nicht darüber, wir wollen nichts davon wissen.‘ Jeder im Krankenhaus, mit dem ich darüber sprechen wollte, schien irgendwie Angst zu haben, auch nur zuzuhören. Ich versuchte meinen Kindern davon zu erzählen, aber sie schienen sich nur über mich lustig zu machen. Ich merkte genau, dass sie nicht wirklich daran glaubten. Als ich meinem Mann davon erzählte, hörte er höflich zu, als sei er dazu verpflichtet. Und dann, nach einer Weile, sagte er: ‚Eigentlich will ich gar nichts darüber wissen.‘ … Ich hatte das Gefühl, ich platze, ich musste einfach loswerden, was mit mir geschehen war. Und ich denke, ich wollte eine Bestätigung, dass es so was gibt, dass diese Dinge möglich sind und dass ich nicht etwa nur spinne oder so."[128]

Somit bleibt den Betroffenen oft als einziger Weg, sich ganz allein damit auseinanderzusetzen. Leider, denn dabei wäre es doch so hilfreich, hier eine verständnisvolle Annahme zu finden. Eine lange innere Auseinandersetzung mit diesen bedeutungsvollen Erlebnissen beginnt nun. Die wichtige Frage bleibt bestehen und kommt immer wieder hoch: Waren die Erlebnisse tatsächlich glaubwürdig? Kann ich sie annehmen, so wie ich sie empfunden habe? Soll oder darf ich sie in mein tägliches Leben integrieren? Ständige Zweifel, ständiger Kampf. Und dieser Kampf kann dauern, oft Monate oder noch viel länger. Einige berichten, dass sie erst nach 40 oder 50 Jahren den Mut gefunden haben, darüber zu reden.

Es geht dabei nicht nur um mögliche Aufträge, die ihnen in der geistigen Welt kurz vor der Rückkehr mitgegeben wurden, wie zum Beispiel: „Kümmere dich um deine Kinder, sie brauchen dich!" Es geht um viel mehr, nämlich um die persönliche Wirkung der gesamten Erlebnisse. Um die Auswirkungen auf das eigene Leben.

Und warum ist das alles so schwierig? Der Grund dafür ist überraschend einfach. Er liegt in der Außerordentlichkeit und Großartigkeit der Erlebnisse und ihren deutlichen Differenzen zum „normalen" weltlichen Denken, Fühlen und Handeln. Und es geht auch um den Forderungscharakter, der in ihnen steckt: Auf, beginne dein Leben zu verändern!

Nicht nur die Verringerung der Angst vor dem Sterben und die Liebe als Aufgabe, sondern auch andere Veränderungen entstehen durch Nahtoderfahrungen. Beispielsweise in der Art und Weise, in der neue Wertvorstellungen in das eigene Leben integriert werden, etwa durch Tätigkeiten im Sozialbereich, in der Pflege von behinderten Menschen, im Altenheim, im Hospiz. Und im Gegensatz zu früher fühlen Menschen, die eine Nahtoderfahrung gemacht haben, sich dann besonders wohl, wenn sie mit ihrer Liebe spürbar andere Menschen erreichen.

Die Seelen spüren bei der Begegnung mit dem Lichtwesen nicht nur dessen allumfassende Liebe. In diesem Moment hatten viele zusätzlich den Eindruck, über alles Wissen zu verfügen. Alles, wirklich alles! Von der ganzen Welt! Die gesamten Zusammenhänge der Atomphysik oder Medizin, einfach alles! Und das Lichtwesen wies ganz eindeutig und klar auf die Wichtigkeit von Liebe und Wissen hin. Oft forderte es die Seelen auf, sich nach ihrer Rückkehr intensiv darum zu kümmern. Entsprechend änderten dann viele Betroffene ihr persönliches Verhältnis zu und ihren Umgang mit Wissen und Lernen. Oder sie spürten plötzlich einen anderen Bezug dazu. Ein Mann reagierte auf die Kommunikation mit dem Lichtwesen und dessen Hinweis auf das Lernen sehr intensiv. Er beschreibt seine Empfindungen: „[Nach meiner Rückkehr] kam ich mir plötzlich schrecklich unwissend vor. Ich begann, Bücher zu kaufen. Ich füllte ganze Hefte mit Aufzeichnungen über die Geschichte verschiedener Länder sowie archäologische und philosophische Themen. Ich stellte fest, dass ich plötzlich innerhalb von ein paar Stunden ein Präludium und eine Fuge von Bach auswendig lernen konnte, während ich früher wochenlang zu kämpfen gehabt hatte, um ein Musikstück zu lernen."[129]

Die Kraft der Nahtoderlebnisse wird auch in der Entwicklung neuer Wertvorstellungen und in der Veränderung der gesamten Persönlichkeit deutlich. Gleichgültig, was es betrifft: Das bisherige Verhältnis zu Mitmenschen, zum Geld oder zur Natur, alles wird stärker, klarer, gerechter und weniger egoistisch.

Es fällt leichter, anderen zuzuhören, sie anzunehmen und ihnen gegenüber Verständnis zu zeigen. Auch rückt bei den Betroffenen die Familie viel deutlicher in das Zentrum ihres Lebens als früher. Andere beschäftigen sich intensiv mit dem tieferen Sinn des Lebens und wollen erkennen oder spüren, worum es tatsächlich geht. Sie greifen Fragen auf, die an die Grundsubstanz des Lebens gehen und denen sie in der geistigen Welt schon begegnet sind. Gleichzeitig sinken ganz deutlich das Streben nach materiellen Gütern und der Wunsch nach einem höheren Lebensstandard.

Neev, ein junger Mann, der nach einer sehr schweren Verletzung ein Nahtoderlebnis hatte, berichtet über die tiefgreifenden Folgen seiner Wahrnehmungen in der Todeszone. Ich will es als sehr aussagefähiges Beispiel für die möglichen und wirklich umfassenden Lebensänderungen abschließend anführen: „Ich wandelte mich schlagartig vom Pessimisten zum Optimisten. Auf einmal konnte ich an allem etwas Gutes sehen, und plötzlich wusste ich auch, dass nichts ohne Grund geschieht. Manchmal ist der Grund vielleicht nicht von Anfang an klar erkennbar, aber am Ende macht trotzdem alles einen Sinn.

Die NTE [Nahtoderfahrungen] führten bei mir in gewissem Sinn auch zu einer physischen Heilung. Körperliche Probleme, die ich bis dahin mein ganzes Leben lang gehabt hatte, verschwanden danach: chronische Migräne, die ich jahrelang mit Tabletten bekämpft hatte, Krämpfe und ein schrecklich empfindlicher Magen, der mir jeden Tag vor der Schule, vor Fußballspielen, Prüfungen und in praktisch allen Situationen mit anderen Menschen Probleme bereitete. Vor meiner NTE war ich der unbeholfenste, ständig zu Unfällen neigende Trottel, den man sich denken kann. Aber all diese Probleme verschwanden danach.

Doch nicht nur meine physischen Probleme wurden geheilt – auch mein geistiger Zustand verbesserte sich beträchtlich. Meine Einstellung zum Leben war nicht mehr düster und trostlos. Jetzt hatte ich vielmehr das Gefühl, dass mein Dasein einen Sinn hatte, nämlich Menschen zu helfen und meine positive Perspektive mit anderen zu teilen. Meine Abhängigkeit von der Zeit schien aufzuhören. Die Uhr konnte mich nicht mehr unter Druck setzen – es war immer noch genug Zeit, etwas anderes oder noch mehr zu tun. Ich versuchte, jeden Tag so viel wie möglich zu erledigen. Ich erlebte alles so, wie es war – und nicht mehr mit der Frage danach, was mir dabei passieren oder was es mir geben könnte. Auch wie ‚die Gesellschaft' mein Leben beurteilte, interessierte mich nicht mehr. Es war mir egal, was die Leute über mich dachten oder wofür sie mich hielten oder ob ich gut aussah oder nicht. Ich lernte, dass ich viel mehr bin als mein Körper.

Dadurch begannen meine Mitmenschen mich mehr als den zu akzeptieren, der ich bin. Mein Gefühl von Liebe und Wärme strömte durch meinen Körper und brachte mir viele neue Freunde. Ich fühlte mich in Gruppen so wohl, dass ich sie geradezu brauchte; meine Ängste, verlegen zu sein oder abgelehnt zu werden, verschwanden, denn dies waren alltägliche Dinge, die für die größeren Zusammenhänge keine Folgen hatten.

Körperlicher wie auch seelischer Schmerz schien nur mehr in meinem Geist oder Bewusstsein zu existieren. Physische Schmerzen waren nach meiner NTE für mich nur noch geringfügige Beschwerden. Im Gegensatz zu den meisten meiner Freunde erkannte ich meine Sterblichkeit. Die Todesnähe, die ich erfahren hatte, bewahrte mich davor, unüberlegt mit meinem oder dem Leben anderer zu spielen, wie ich es zuvor getan hatte. Durch die Erfahrung meiner Sterblichkeit lernte ich auch, den Tod zu akzeptieren, und auf eine seltsame Art und Weise freue ich mich sogar darauf. Ich habe vor vielen Dingen keine Angst mehr; ich nehme sie an und integriere sie in mein Leben. Ich bin jetzt eher bereit, Neues auszuprobieren, weil ich aus meinem Leben das Beste machen und möglichst nichts versäumen will.

Seit meiner tiefgreifenden persönlichen Veränderung ist vieles, was mir früher kostbar war, unbedeutend geworden. Geld und materieller Besitz bedeuten mir kaum mehr etwas. Ich habe gelernt, mit meiner Zeit und allem, was ich besitze, sehr großzügig umzugehen, trat mehreren gemeinnützigen Gruppen bei und arbeite unentgeltlich in sozialen Einrichtungen. Die wichtigste Veränderung, die ich feststellte, war, dass ich seither keine Lust mehr habe, mich in Konkurrenzsituationen zu begeben. Wettbewerb war früher meine treibende Kraft, aber seit meiner NTE erscheint er mir dumm und unwichtig. Sport macht mir zwar immer noch Spaß, aber ich habe diesen ‚Killerinstinkt' verloren, der mir einige Angebote von Universitätsteams eingebracht hatte."[130]

Es wäre möglich, das ganze Buch mit ähnlichen Berichten und entsprechenden Forschungserkenntnissen zum Beispiel von Pim van Lommel zu füllen. Das ist jedoch nicht nötig, denn sie vermitteln alle die gleiche wichtige Botschaft: Nahtoderfahrungen sind in der Lage, nicht nur tief in das Leben und die Persönlichkeit der zurückgekehrten Menschen einzugreifen, sondern sie auch in ihren

Einstellungen, Anschauungen und Handlungen tiefgreifend zu verändern. Beginn und Erfolg der Veränderungen hängen allerdings davon ab, ob die Erlebnisse von den Betroffenen als realistische Wahrnehmungen angenommen und in ihr Leben integriert werden.

Und diese wichtige Annahme der Nahtoderlebnisse muss nicht unbedingt damit zusammenhängen, dass man sich selbst in einer solchen Situation befunden hat. Nein! Es reicht völlig aus, dass man intensiv an sie glaubt.

Also: Nur zu! Lassen Sie die Erlebnisse auf sich wirken!

Fazit

Nahtoderfahrungen sind etwas ganz Besonderes. Und weil sie in eine Welt entführen, die unseren fünf Sinnen nicht voll erschlossen ist, werden sie natürlich scharf angegriffen.

Trotzdem sind sie außerordentlich glaubwürdig. Ich habe dargestellt, dass es nicht gelingt, sie zu widerlegen und als nicht existent zu bezeichnen.

Viele Menschen, die aus dieser geistigen Welt zurückkehrten, berichten eindrücklich über ihre tatsächlich erlebten Wahrnehmungen. Die im Nahtodbereich vermittelten Bilder und Abläufe werden auch in der Reinkarnationsforschung bei der Schilderung echter Sterbeprozesse beschrieben. Nahtoderlebnisse erhalten damit eine großartige Unterstützung und Bestätigung! Man kann sich ihnen daher vertrauensvoll annähern. Sie sind tatsächlich glaubwürdig. Die in ihnen liegende große Kraft ist zu spüren, wenn man sich ihnen gegenüber öffnet.

Der Weg, den man dazu begehen muss, erscheint allerdings ungewohnt und schmal. Aber: Machen Sie sich auf und beginnen Sie mit den ersten Schritten. Sie können sich trauen!

Die Hilfe, die Nahtoderfahrungen uns geben können, wirkt dann breit und stark. Neben vielen sehr positiven Unterstützungen im Umgang mit dem Leben steht im Zentrum, dass wir durch sie die Angst vor dem eigenen Sterben abbauen können. Und wirklich: Es gelingt! Ein viel entspannteres Leben wird möglich, das sein späteres Ende liebevoll annimmt. Ein grandioses Geschenk!

Anmerkungen

1 Riemann, Fritz: *Grundformen der Angst.* München: Ernst Reinhardt, 2002, 34. Auflage (S. 9).

2 *Die Heilige Schrift des Alten und Neuen Testaments.* Stuttgart: Württembergische Bibelanstalt, 1972.

3 van Lommel, Pim: *Endloses Bewusstsein.* Ostfildern: Patmos, 2011, 4. Auflage (S. 351).

4 Moody, Raymond: *Leben nach dem Tod.* Reinbek bei Hamburg: Rowohlt, 1996 (S. 22).

5 Moody: *Leben nach dem Tod* (S. 23).

6 van Lommel: *Endloses Bewusstsein* (S. 146 ff.).

7 van Lommel: *Endloses Bewusstsein* (S. 152).

8 Ring, Kenneth: *Den Tod erfahren – das Leben gewinnen.* München: Scherz, 1985 (S. 89 f.).

9 Sabom, Michael B.: *Erinnerung an den Tod.* München: Goldmann, 1983 (S. 34).

10 Morse, Melvin; Perry, Paul: *Verwandelt vom Licht.* München: Droemer Knaur, 1994 (S. 85).

11 Moody: *Leben nach dem Tod* (S. 33 f.).

12 Moody: *Leben nach dem Tod* (S. 33).

13 van Lommel: *Endloses Bewusstsein* (S. 50).

14 Ring, Kenneth: *Im Angesicht des Lichts.* München: Ariston, 1999 (S. 37).

15 Moody: *Leben nach dem Tod* (S. 35).

16 Morse: *Verwandelt vom Licht* (S. 214).

17 Moody: *Leben nach dem Tod* (S. 41 f.).

18 Ring: *Im Angesicht des Lichts* (S. 80 f.).

19 Ewald, Günter: *An der Schwelle zum Jenseits.* Mainz: Matthias-Grünewald-Verlag, 2001 (S. 21 f.).

20 Moody: *Leben nach dem Tod* (S. 60).

21 van Lommel: *Endloses Bewusstsein* (S. 57).

22 Morse: *Verwandelt vom Licht* (S. 11 f.).

23 Ring: *Im Angesicht des Lichts* (S. 28).

24 Morse: *Verwandelt vom Licht* (S. 12).

25 Moody: *Leben nach dem Tod* (S. 62 f.).

26 Ring: *Im Angesicht des Lichts* (S. 62).

27 van Lommel: *Endloses Bewusstsein* (S. 61 f.).
28 Ring: *Den Tod erfahren – das Leben gewinnen* (S. 53).
29 Moody: *Leben nach dem Tod* (S. 79 f.).
30 Ring: *Im Angesicht des Lichts* (S. 37 f.).
31 van Lommel: *Endloses Bewusstsein* (S. 64).
32 Ring: *Im Angesicht des Lichts* (S. 158).
33 Moody: *Leben nach dem Tod* (S. 84).
34 Morse: *Verwandelt vom Licht* (S. 84).
35 van Lommel: *Endloses Bewusstsein* (S. 68).
36 Borjigin, Jimo et al.: „Asphyxia-activated corticocardiac signaling accelerates onset of cardiac arrest." *Proceedings of the National Academy of Sciences of the United States of America*, April 2015. https://doi.org/10.1073/pnas.1423936112
37 Schmid, Holger Karsten: *Nahtoderfahrung: Zwischen Erleuchtung und Verblendung, Glückseligkeit und Traumatisierung, Himmel- und Höllenvisionen.* Norderstedt: TWENTYSIX, 2017 (S. 93).
38 Engmann, Birk: *Mythos Nahtoderfahrung.* Stuttgart: Hirzel, 2011 (S. 69).
39 Engmann: *Mythos Nahtoderfahrung* (S. 67).
40 Engmann: *Mythos Nahtoderfahrung* (S. 62 f.).
41 Kuhn, Wilfried: „Die Grenzen des materialistischen Weltbildes. Warum die Nahtoderfahrung neurobiologisch nicht vollständig erklärt werden kann." In: Tobias Kläden (Hrsg.): *Worauf es letztlich ankommt.* Freiburg im Breisgau: Herder, 2014 (S. 49–70, S. 57).
42 Engmann: *Mythos Nahtoderfahrung* (S. 48).
43 Blackmore, Susan: „Beinahe tot." In: Gero von Randow (Hrsg.): *Mein paranormales Fahrrad und andere Anlässe zur Skepsis.* Reinbek bei Hamburg: Rowohlt, 2003, 5. Auflage (S. 115–129, S. 123).
44 Blackmore: „Beinahe tot" (S. 126).
45 Blackmore: „Beinahe tot" (S. 127).
46 Blackmore: „Beinahe tot" (S. 128).
47 Walch, Sylvester: *Dimensionen der menschlichen Seele.* Düsseldorf: Patmos, 2009 (S. 198).
48 Walch: *Dimensionen der menschlichen Seele* (S. 205).
49 Walch: *Dimensionen der menschlichen Seele* (S. 198).
50 Utsch, Michael: „Nahtoderfahrungen." Berlin: Evangelische Zentralstelle für Weltanschauungsfragen, Januar 2013. https://www.ezw-berlin.de/html/3_3056.php (abgerufen am 13.06.2020)
51 Utsch: „Nahtoderfahrungen".
52 Utsch: „Nahtoderfahrungen".
53 Knoblauch, Hubert: *Berichte aus dem Jenseits – Mythos und Realität der Nahtod-Erfahrung.* Freiburg im Breisgau: Herder, 1999 (S. 123 ff.).
54 Knoblauch: *Berichte aus dem Jenseits* (S. 136).
55 Knoblauch: *Berichte aus dem Jenseits* (S. 162 f.).
56 Knoblauch: *Berichte aus dem Jenseits* (S. 174).

57 Knoblauch: *Berichte aus dem Jenseits* (S. 190).
58 Popper, Karl: *Logik der Forschung.* Tübingen: Mohr Siebeck, 2005, 11. Auflage (S. 3 ff.).
59 Alexander, Eben: *Blick in die Ewigkeit.* München: Ansata, 2013 (S. 31 ff.).
60 Alexander: *Blick in die Ewigkeit* (S. 59 f.).
61 Alexander: *Blick in die Ewigkeit* (S. 63).
62 Alexander: *Blick in die Ewigkeit* (S. 72 f.).
63 Alexander: *Blick in die Ewigkeit* (S. 20).
64 Alexander: *Blick in die Ewigkeit* (S. 36).
65 Alexander: *Blick in die Ewigkeit* (S. 251 ff.).
66 Alexander: *Blick in die Ewigkeit* (S. 184).
67 Alexander: *Blick in die Ewigkeit* (S. 21).
68 Engmann: *Mythos Nahtoderfahrung* (S. 71).
69 Sabom: *Erinnerung an den Tod* (S. 91).
70 Walch: *Dimensionen der menschlichen Seele* (S. 200).
71 Ring: *Im Angesicht des Lichts* (S. 90 ff.).
72 Jakoby, Bernard: *Die Brücke zum Licht.* Reinbek bei Hamburg: Rowohlt, 2005 (S. 39).
73 Sabom: *Erinnerung an den Tod* (S. 111 f.).
74 Sabom: *Erinnerung an den Tod* (S. 112).
75 van Lommel: *Endloses Bewusstsein* (S. 183 ff.).
76 Zitiert nach van Lommel: *Endloses Bewusstsein* (S. 185).
77 Zitiert nach van Lommel: *Endloses Bewusstsein* (S. 185 ff.).
78 Zitiert nach van Lommel: *Endloses Bewusstsein* (S. 188 f.).
79 Ewald: *An der Schwelle zum Jenseits* (S. 71); Sabom, Michael B.: *Light and Death.* Grand Rapids MI: Zondervan, 1998 (S. 37).
80 Jakoby: *Die Brücke zum Licht* (S. 40).
81 van Lommel: *Endloses Bewusstsein* (S. 189).
82 Sabom: *Erinnerung an den Tod* (S. 113).
83 Holden, Janice Miner: „Veridical Perception in Near-Death Experiences.“ In: J. M. Holden, B. Greyson, D. James (Hrsg.): *The Handbook of Near-Death Experiences.* Santa Barbara CA: Praeger, 2009 (S. 185–211, S. 197).
84 Ring: *Im Angesicht des Lichts* (S. 28).
85 Jung, C. G.: *Erinnerungen, Träume, Gedanken.* Düsseldorf: Walter, 2003, 13. Auflage (S. 293).
86 Niemz, Markolf H.: *Lucy mit c.* Norderstedt: Books on Demand, 2006, 3. Auflage (S. 19 ff.).
87 Niemz: *Lucy mit c* (S. 46).
88 Niemz: *Lucy mit c* (S. 59).
89 van Lommel: *Endloses Bewusstsein* (S. 64).
90 Niemz: *Lucy mit c* (S. 77).
91 van Lommel: *Endloses Bewusstsein* (S. 221 ff.).

92 Stöcklin, Stefan: „Wie viel wiegt die Seele?“ Zürich: Beobachter (veröffentlicht 29.11.2010). https://www.beobachter.ch/gesellschaft/einzigartiges-experiment-wie-viel-wiegt-die-seele (abgerufen am 25.01.2020); MacDougall, Duncan: https://de.wikipedia.org/wiki/Duncan_MacDougall (abgerufen am 18.11.2019)

93 Moody: *Leben nach dem Tod* (S. 54).

94 Moody: *Leben nach dem Tod* (S. 51).

95 Moody: *Leben nach dem Tod* (S. 59).

96 Moody: *Leben nach dem Tod* (S. 59).

97 Große, Waltraud: *Der Reinkarnationsgedanke und seine Ablehnung durch das 5. Ökumenische Konzil in Konstantinopel 553.* Großbrannenberg: Monika-Schulze-Verlag, 1983 (S. 10 ff.).

98 Kompendium des Katechismus der katholischen Kirche, 2005. https://www.vatican.va/archive/compendium_ccc/documents/archive_2005_compendium-ccc_ge.html (abgerufen am 16.07.2020)

99 Stevenson, Ian: *Reinkarnation – Der Mensch im Wandel von Tod und Wiedergeburt.* Braunschweig: Aurum, 1994, 7. Auflage (S. 17 ff.).

100 Bernstein, Morey: *Protokoll einer Wiedergeburt.* München: Scherz, 1990 (S. 96 ff.).

101 Bernstein: *Protokoll einer Wiedergeburt* (S. 236 ff.).

102 Bernstein: *Protokoll einer Wiedergeburt* (S. 263).

103 Newton, Michael: *Die Reisen der Seele.* Wettswil: Edition Astroterra, 2011, 11. Auflage (S. 10 ff.).

104 Newton: *Die Reisen der Seele* (S. 11).

105 Newton: *Die Reisen der Seele* (S. 68 ff.).

106 Newton: *Die Reisen der Seele* (S. 15).

107 Newton: *Die Reisen der Seele* (S. 35).

108 Newton: *Die Reisen der Seele* (S. 32).

109 Newton: *Die Reisen der Seele* (S. 16).

110 Ring: *Den Tod erfahren – das Leben gewinnen* (S. 38).

111 Tausch, Anne-Marie: *Gespräche gegen die Angst.* Reinbek bei Hamburg: Rowohlt, 1995 (S. 88).

112 Tausch: *Gespräche gegen die Angst* (S. 89).

113 Ring: *Im Angesicht des Lichts* (S. 247).

114 Ring: *Im Angesicht des Lichts* (S. 247).

115 Ring: *Im Angesicht des Lichts* (S. 246 f.).

116 Moody, Raymond: *Nachgedanken über das Leben nach dem Tod.* Reinbek bei Hamburg: Rowohlt, 1978 (S. 63).

117 Newton: *Die Reisen der Seele* (S. 57).

118 Newton: *Die Reisen der Seele* (S. 57).

119 Abeldt, Gaby: „Alles ist gut so wie es ist und wie es kommt.“ In: Hans Heppenheimer (Hrsg.): *Menschen mit Behinderungen verändern die Welt.* Sigmaringen: Inklusions-Verlag, 2016 (S. 167–178, S. 175).

120 Kast, Verena: *Trauern.* Stuttgart: Kreuz, 1977 (S. 14).

121 Schlegel-Holzmann, Uta: *Kein Abend mehr zu zweit*. Stuttgart: Quell, 1992 (S. 8).

122 Stone, Ganga: *Über das Ende hinaus*. München: Goldmann, 1997 (S. 138 f.).

123 Ring: *Im Angesicht des Lichts* (S. 64).

124 Ring: *Im Angesicht des Lichts* (S. 297).

125 Ring: *Im Angesicht des Lichts* (S. 190).

126 Moody: *Leben nach dem Tod* (S. 74 f.).

127 van Lommel: *Endloses Bewusstsein* (S. 68).

128 Ring: *Den Tod erfahren – das Leben gewinnen* (S. 91).

129 Ring: *Im Angesicht des Lichts* (S. 56).

130 Ring: *Im Angesicht des Lichts* (S. 39 f.).

Literaturverzeichnis

Abeldt, Gaby: „Alles ist gut so wie es ist und wie es kommt." In: Hans Heppenheimer (Hrsg.): *Menschen mit Behinderungen verändern die Welt.* Sigmaringen: Inklusions-Verlag, 2016.

Ägyptisches Totenbuch. Aus dem Französischen übersetzt und kommentiert von Grégoire Kolpaktchy. Weilheim: O. W. Barth, 1970 (2. Auflage).

Alexander, Eben: *Blick in die Ewigkeit.* München: Ansata, 2013.

Bernstein, Morey: *Protokoll einer Wiedergeburt.* München: Scherz, 1990.

Blackmore, Susan: *Bewusstsein.* Bern: Huber, 2014.

Blackmore, Susan: „Beinahe tot." In: Gero von Randow (Hrsg.): *Mein paranormales Fahrrad und andere Anlässe zur Skepsis.* Reinbek bei Hamburg: Rowohlt, 2003 (5. Auflage).

Borjigin, Jimo et al.: „Asphyxia-activated corticocardiac signaling accelerates onset of cardiac arrest." *Proceedings of the National Academy of Sciences of the United States of America*, April 2015. https://doi.org/10.1073/pnas.1423936112

Die Heilige Schrift des Alten und Neuen Testaments. Stuttgart: Württembergische Bibelanstalt, 1972.

Elsaesser Valarino, Evelyn: *Erfahrungen an der Schwelle des Todes.* München: Ariston, 1995.

Engmann, Birk: *Mythos Nahtoderfahrung.* Stuttgart: Hirzel, 2011.

Ewald, Günter: *An der Schwelle zum Jenseits.* Mainz: Matthias-Grünewald-Verlag, 2001.

Ford, Arthur: *Bericht vom Leben nach dem Tode.* München: Scherz, 1994.

Fremantle, Francesca (Hrsg.): *Das Totenbuch der Tibeter.* Düsseldorf: Diederichs, 1979 (3. Auflage).

Grof, Stanislav: *Impossible – Wenn Unglaubliches passiert.* München: Kösel, 2008.

Große, Waltraud: *Der Reinkarnationsgedanke und seine Ablehnung durch das 5. Ökumenische Konzil in Konstantinopel 553.* Großbrannenberg: Monika-Schulze-Verlag, 1983.

Hassler, Dieter: *Indizienbeweise für ein Leben nach dem Tod und die Wiedergeburt*, Band 2a. Aachen: Shaker Media, 2015.

Hassler, Dieter: *Indizienbeweise für ein Leben nach dem Tod und die Wiedergeburt*, Band 2b. Aachen: Shaker Media, 2015.

Holden, Janice Miner: „Veridical Perception in Near-Death Experiences." In: J. M. Holden, B. Greyson, D. James (Hrsg.): *The Handbook of Near-Death Experiences*. Santa Barbara CA: Praeger, 2009.
Jakoby, Bernard: *Die Brücke zum Licht*. Reinbek bei Hamburg: Rowohlt, 2005.
Jakoby, Bernard: *Geheimnis Sterben: Was wir heute über den Sterbeprozess wissen*. München: Langen Müller, 2004.
Jakoby, Bernard: *Wie wir die Angst vor dem Sterben überwinden*. München: Nymphenburger, 2014.
Jung, Carl Gustav: *Erinnerungen, Träume, Gedanken*. Düsseldorf: Walter, 2003 (13. Auflage).
Kast, Verena: *Trauern*. Stuttgart: Kreuz, 1977.
Knoblauch, Hubert: *Berichte aus dem Jenseits – Mythos und Realität der Nahtod-Erfahrung*. Freiburg im Breisgau: Herder, 1999.
Kompendium des Katechismus der katholischen Kirche, 2005. https://www.vatican.va/archive/compendium_ccc/documents/archive_2005_compendium-ccc_ge.html (abgerufen am 16.07.2020)
Kübler-Ross, Elisabeth: *Über den Tod und das Leben danach*. Melsbach/Neuwied: Silberschnur, 1985 (3. Auflage).
Kübler-Ross, Elisabeth: *Befreiung aus der Angst*. München: Knaur, 2004.
Kuhn, Wilfried: „Die Grenzen des materialistischen Weltbildes. Warum die Nahtoderfahrung neurobiologisch nicht vollständig erklärt werden kann." In: Tobias Kläden (Hrsg.): *Worauf es letztlich ankommt*. Freiburg im Breisgau: Herder, 2014.
Long, Jeffrey; Perry, Paul: *Beweise für ein Leben nach dem Tod*. München: Goldmann, 2010.
MacDougall, Duncan: https://de.wikipedia.org/wiki/Duncan_MacDougall (abgerufen am 18.11.2019)
Miller, J. Steve: *Erkundung der Ewigkeit – Was Nahtoderfahrungen über die Existenz Gottes und ein Leben nach dem Tod aussagen*. München: Heyne, 2014.
Monroe, Robert A.: *Der Mann mit den zwei Leben – Reisen außerhalb des Körpers*. München: Heyne, 2005.
Moody, Raymond: *Leben nach dem Tod*. Reinbek bei Hamburg: Rowohlt, 1996.
Moody, Raymond: *Nachgedanken über das Leben nach dem Tod*. Reinbek bei Hamburg: Rowohlt, 1978.
Morse, Melvin; Perry, Paul: *Verwandelt vom Licht*. München: Droemer Knaur, 1994.
Newton, Michael: *Die Reisen der Seele*. Wettswil: Edition Astroterra, 2011 (11. Auflage).
Newton, Michael: *Die Abenteuer der Seelen*. Wettswil: Edition Astroterra, 2009 (4. Auflage).
Newton, Michael: *Leben zwischen den Leben*. Wettswil: Edition Astroterra, 2012 (3. Auflage).
Niemz, Markolf H.: *Lucy mit c*. Norderstedt: Books on Demand, 2006 (3. Auflage).
Popper, Karl: *Logik der Forschung*. Tübingen: Mohr Siebeck, 2005 (11. Auflage).

Renz, Monika: *Hoffnung und Gnade – Erfahrung von Transzendenz in Leid und Krankheit*. Freiburg im Breisgau: Kreuz, 2014.

Riemann, Fritz: *Grundformen der Angst*. München: Ernst Reinhardt, 2002 (34. Auflage).

Ring, Kenneth: *Im Angesicht des Lichts*. München: Ariston, 1999.

Ring, Kenneth: *Den Tod erfahren – das Leben gewinnen*. München: Scherz, 1985.

Sabom, Michael B.: *Erinnerung an den Tod*. München: Goldmann, 1983.

Sabom, Michael B.: *Light and Death*. Grand Rapids MI: Zondervan, 1998.

Schlegel-Holzmann, Uta: *Kein Abend mehr zu zweit*. Stuttgart: Quell, 1992.

Schmid, Holger Karsten: *Nahtoderfahrung: Zwischen Erleuchtung und Verblendung, Glückseligkeit und Traumatisierung, Himmel- und Höllenvisionen*. Norderstedt: TWENTYSIX, 2017.

Stahl, Hans-Werner: „Mentale Sterbevorbereitung." In: *CO'Med Fachmagazin für Complementär-Medizin*, Nr. 4, 2000, S. 77–79.

Stevenson, Ian: *Reinkarnation – Der Mensch im Wandel von Tod und Wiedergeburt*. Braunschweig: Aurum, 1994 (7. Auflage).

Stevenson, Ian: *Reinkarnation in Europa – Dokumentierte Fälle*. Grafing: Aquamarin, 2014.

Stevenson, Ian: *Reinkarnationsbeweise – Geburtsnarben und Muttermale belegen die wiederholten Erdenleben des Menschen*. Grafing: Aquamarin, 2011.

Stöcklin, Stefan: „Wie viel wiegt die Seele?" Zürich: Beobachter (veröffentlicht 29.11.2010). https://www.beobachter.ch/gesellschaft/einzigartiges-experiment-wie-viel-wiegt-die-seele (abgerufen am 25.01.2020)

Stone, Ganga: *Über das Ende hinaus*. München: Goldmann, 1997.

Tarr, Irmtraud: *Loslassen – die Kunst, die vieles leichter macht*. Freiburg im Breisgau: Herder, 2003 (4. Auflage).

Tausch, Anne-Marie: *Gespräche gegen die Angst*. Reinbek bei Hamburg: Rowohlt, 1995.

Tausch-Flammer, Daniela; Bickel, Lis: *In meinem Herzen die Trauer*. Freiburg im Breisgau: Herder, 1998.

Utsch, Michael: „Nahtoderfahrungen." Berlin: Evangelische Zentralstelle für Weltanschauungsfragen, Januar 2013. https://www.ezw-berlin.de/html/3_3056.php (abgerufen am 13.06.2020)

van Lommel, Pim: *Endloses Bewusstsein*. Ostfildern: Patmos, 2011 (4. Auflage).

Walch, Sylvester: *Dimensionen der menschlichen Seele*. Düsseldorf: Patmos, 2009.

Weiss, Brian L.: *Die zahlreichen Leben der Seele*. München: Goldmann, 2005.

Weitere Titel aus dem Verlag Via Nova:

7 Gründe für ein Leben nach dem Tod

Wissenschaftliche Studien eines Mediziners

Dr. Jean-Jacques Charbonier

2. TB-Auflage
5. Auflage gesamt

Taschenbuch, 192 Seiten,
ISBN 978-3-86616-478-9

Glauben Sie an ein Leben nach dem Tod? Bevor Sie diese Frage für sich endgültig beantworten, sollten Sie dieses Buch lesen! Es könnte Ihre Sicht auf die Dinge und das Leben von Grund auf verändern. Denn all die Erfahrungen, Beobachtungen und Studien, die hier überzeugend, leicht nachvollziehbar und wissenschaftlich fundiert dargestellt werden, machen mehr als nur Hoffnung. Sie lassen eigentlich nur einen Schluss zu: dass unser Bewusstsein nach dem Tod überlebt. Und sie zeigen, dass wir Leben und Tod in einem völlig neuen Licht betrachten müssen - ja!- dürfen! Lassen Sie sich auf dieses einzigartige Leseabenteuer ein, das zu einem der letzten Geheimnisse der Menschheit führt – und vielleicht dazu, dass Sie zukünftig in einem vollkommen neuen Verständnis und großer Gelassenheit durchs Leben gehen werden.

Wenn dein Kind über den Tod sprechen will

Wie wir Kindern Trauer und Abschiednehmen erklären

Dr. Jean-Jacques Charbonier

Klappenbroschur, 128 Seiten, ISBN 978-3-86616-448-2

„Nein, du brauchst wirklich keine Angst vor dem Tod zu haben, denn es gibt ein Leben danach!" „Wirklich?" „Ja, wirklich!" Wäre es nicht wunderbar, wir hätten eine tiefgefühlte Gewissheit, dass es weitergeht nach dem irdischen Sein, und könnten dieses Gefühl auch unseren Kindern vermitteln? Das ist das große Anliegen dieses einzigartigen Lesebuchs von Dr. Charbonier, der jahrzehntelang das Phänomen der Nahtoderfahrungen erforscht hat und seine wertvollen Erkenntnisse nun auch an junge Menschen weitergeben möchte: Sterben und Tod sind nur Übergänge in eine neue Seinsform. Sehr einfühlsam, leicht verständlich, informativ und unterhaltsam zeigt dieses Buch, wie unsere Kinder (aber auch wir als Erwachsene) eine angstfreie Sicht auf den Tod und ein grundlegend neues Verständnis vom Leben erlangen können.

Das Sterben bewusst annehmen

Wie uns Karens Abschied vom Leben auch Hoffnung schenken kann

Karen Speerstra und Herbert Anderson

Klappenbroschur, 288 Seiten, ISBN 978-3-86616-461-1

Wohl selten hat ein Mensch so wahrhaftig und mutig, dabei so konkret und lebendig den Prozess des eigenen Sterbens in all seinen Facetten aufgezeichnet wie Karen Speerstra in diesem, ihrem letzten, so einzigartigen Buch. Nach 10 Jahren Kampf gegen den Krebs bricht sie ihre Behandlung ab, wendet sich ihrem bevorstehenden Tod zu und lässt uns teilhaben an der vielleicht intensivsten Reise, die ein Mensch je antreten kann. Authentisch, offen, ernst und fröhlich schildert sie ihr Erleben, ihre Gedanken, ihre Gefühle. Begleitend vermittelt Co-Autor Herbert Anderson wertvolles Wissen über Palliativmedizin, Hospizpflege und zeitgemäße Sterbebegleitung. Ein einmaliges, ermutigendes Buch, das uns allen zeigt, wie man die letzte Etappe seiner Lebensreise würdevoll und bewusst gestalten kann.

Auch das Sterben gehört zum Leben
Heribert Fischedick

Paperback, 144 Seiten, ISBN 978-3-86616-429-1

Ob wir es wahrhaben wollen oder nicht: Wir alle werden sterben! Die Frage ist ja nur: Wie gehen wir mit dieser unumstößlichen Tatsache um? Dieses Buch ist eine Ermutigung, uns dem Thema offen und ehrlich zu stellen und den Tod als einen natürlichen Teil des Lebens zu betrachten. Es vermittelt elementares Wissen über das Sterben, seine körperlichen Vorgänge, seine seelischen Prozesse und die Rolle des Bewusstseins. Die zutiefst beruhigende Nachricht dieses Buches ist: Wir sind nicht ausgeliefert, können uns wirksam vorbereiten und uns innerlich auf das Unvermeidliche einstellen. Der Autor vermittelt aufgrund seiner vielfältigen Erfahrungen ein unerschütterliches Vertrauen - befreiend und hilfreich für alle, die „Tod und Sterben" noch immer mit Angst, Abwehr und Zweifel begegnen.

Ja zum Leben
Wege aus der Trauer
Heidemarie Hillje

Hardcover, 144 Seiten, ISBN 978-3-86616-214-3

Heidemarie Hillje holt als spirituelle Wegbegleiterin in ihrem Trauerbuch die Betroffenen in ihrer Verzweiflung und inneren Dunkelheit ab und führt sie zurück zum Leben, zur Lebensfreude. Der Verstorbene soll im Herzen bleiben, aber der seelische Schmerz darf nicht das weitere Leben bestimmen. Verlust und Trauer anzunehmen, negative, belastende Emotionen zu bewältigen und loszulassen, sich den vielfältigen Lebenserscheinungen zuzuwenden, sind wichtige Schritte, das seelische Gleichgewicht wieder zu erlangen und die eigene Lebenskraft und Freude am Leben zu empfinden.

Die Stille im Chaos
Über die Freude wahrer Meditation
Jeff Foster

Klappenbroschur, 160 Seiten, ISBN 978-3-86616-502-1

Der bekannte spirituelle Lehrer Jeff Foster lädt uns in seinem neuen Buch ein, den inneren Zufluchtsort wahrer Meditation zu entdecken. Für ihn ist die Meditation ein unermesslich großes, nichtduales Feld der Präsenz, das für jeden von uns in jedem Augenblick zugänglich ist, ein Ort der Mühelosigkeit, an dem wir authentisch sein können – mit all unseren Unvollkommenheiten, unserer Erschöpfung, unseren Zweifeln und Ängsten. Meditation dient nicht dazu, dem Leben und seinen unangenehmen Seiten zu entfliehen, sondern fordert uns vielmehr auf, mit Neugierde und kindlichem Staunen in das „heilige Chaos des gegenwärtigen Augenblicks" einzutauchen, unsere tiefsten Verletzungen in liebende Bewusstheit zu hüllen und Licht in unser Dunkel zu bringen. Wahre Meditation lässt uns erkennen, dass wir vollkommen sind – genau so, wie wir sind. Inspirierende Botschaften, poetische Betrachtungen und ganz persönliche Geschichten machen dieses Buch zu einer wunderbaren Kraftquelle, aus der wir immer wieder neu schöpfen können!

Lachen – trotz und alledem

Darf ich lachen, wenn ich traurig bin?

Silvia Rößler

Paperback, 240 Seiten, 19 Zeichnungen, ISBN 978-3-86616-341-6

Dieses Buch ist wahrhaftig ein kostbares Geschenk für alle, die trotz schwerer Krisen, Krankheiten und Schicksalsschlägen wie Trauer und Tod, eine heitere Lebenshaltung entwickeln – oder sich bewahren – möchten. Wie dies gelingen und regelrecht gelernt werden kann, das zeigt uns die Autorin mit bewegenden Beispielen und authentischen Berichten, ganz praktischen Anregungen und Anleitungen aus den Bereichen Lachyoga, Meditation, Tanz, Singen und Malen. Nichts ist befreiender und berührender als ein ehrliches tiefes Lachen, das nicht nur ansteckend wirkt, sondern nachweislich auch Medizin ist für Körper und Seele. Entdecken Sie die Lebenskunst der Heiterkeit!

Empathie – Ich fühle, was du fühlst

Bin ich ein Empath? So lerne ich meine empathischen Fähigkeiten anzunehmen und in Balance zu leben

Dr. Stephanie Red Feather

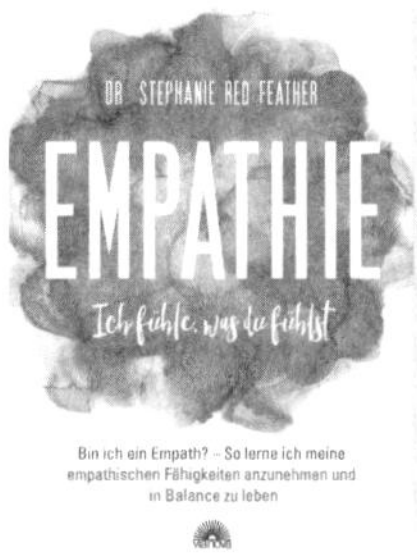

Klappenbroschur, 320 Seiten, ISBN 978-3-86616-484-0
E-Book: 978-3-86616-494-9

Kennen Sie das? Oft werden Sie von dem, was Sie wahrnehmen, spüren, empfinden und fühlen, vollkommen überwältigt. Und manchmal wissen Sie nicht, ob Sie sich selbst oder andere Menschen fühlen. Wenn Ihnen das vertraut vorkommt, sind Sie wahrscheinlich ein Empath! Extrem sensibel und empfänglich für subtile Energien, Emotionen und Schwingungen. Die Schamanin und Empathin Stephanie Red Feather hat ein halbes Leben gebraucht, um dieses Phänomen bei sich zu erforschen und herauszufinden, welch riesiges Potenzial Empathen in sich tragen. Daraus ist dieses Buch entstanden. Ein grandioser Leitfaden mit wertvollem Wissen sowie vielen Techniken und praktischen Übungen, die Empathen befähigen, in ihre Kraft und Mitte zu kommen und bewusst ihre Gaben und Herzqualitäten für sich und andere einzusetzen.

Durchbruch ins Licht

Gedichte der Zuversicht und der Hoffnung

Werner Vogel

Hardcover, 48 Seiten, 11 farbige Fotos, ISBN 978-3-86616-440-6

„Die Poesie von Werner Vogel ist wie fließendes Licht", so schreibt Barbara Schenkbier im Vorwort dieses wundervollen Gedichtbandes. Viel schöner kann man es kaum ausdrücken! Wenn Worte zu Licht werden und in unseren Herzen einen göttlichen Funken entzünden, dann erfüllen sie ihre allerhöchste Bestimmung, so wie die Gedichte von Werner Vogel. Sie sind ein Geschenk für alle, die von Sorgen, Ängsten und Nöten bedrängt werden, denn in ihnen erfahren sie das tröstende Licht der Hoffnung und Zuversicht. Und für all jene, die nach Selbsterkenntnis und göttlicher Wahrheit streben, werden die Verse zu hilfreichen lichterfüllten Wegbegleitern. Werner Vogels Gedichte sind Ausdruck der reinen Liebe und der alles verwandelnden göttlichen Kraft, es sind Worte aus Licht, die mitten ins Herz treffen.